星のふる里

大葛日記

本書は２０１５年6月から12月まで秋田魁新報に30回にわたって連載した「星のふるさと　大葛日記」の記事を一部加筆・修正したほか、住民アンケート結果をまとめたものです。登場人物の肩書、年齢などは新聞掲載当時のものです。

目次

星のふる里

大葛日記

鹿角市との境の山あいにある大館市比内町大葛《おおくぞ》に「地域づくりの手本に」と県内外から視察に来るケースが増えている。若年層の流出がやまず、高齢化が進み、人口減少が顕著な地域の住民が中心だ。置かれる状況は大葛も同じだが、地域に元気を呼び起こす自主的な取り組みを次々に展開。住民一人一人が生きがいをもって暮らせる地域づくりを模索している。大葛に通い、時には集落で寝泊まりしながら、里の暮らしを追った。

大切な学びや

「小学校に旧を付けるのをもうやめませんか」

5月17日に開かれた地区の7集落でつくる住民団体「大葛の将来を考える会」の総会。質疑応答の場面で佐藤悟さん（66）が意見を述べると、参加した60人の住民たちの多くがうなずいた。

大葛小学校は2012年3月、約10キロ北西に離れた東館小と統合のため閉校した。3年がたち、校舎の壁に掛かる大きな時計はもう時を刻んでいない。バス停の名称は「小学校前」から「休間内沢口」に変わった。

元市職員で旧比内町教育委員会の総務課長も務めた佐藤さんに「あの質問の意味」について尋ねると、穏やかな口調でこう答えた。

「旧大葛小学校に集まりましょう、と言う人なんか誰もいない。地区外の人も来るイベントなら仕方ないけど、自分たちの行事ではもういいのかなと。旧も現もなく、大切な俺たちの学校なんだよな」

住民にとって、通学する子どもがいなくなっても、大葛小が地域の核となる場所であることに変わりはない。

6月21日朝、作業着に身を包んだ住民が続々と大葛小のグラウンドに集まってきた。運動会や盆踊りなどの開催を前に行っている恒例の美化活動だ。ウィーーンと草刈り機の音を響かせ黙々と雑草を刈る佐藤さんの姿もあった。

地区の人口は現在615人。高齢化率44・2％、55歳以上の割合は64・4％に上り、近い将来に担い手確保困難が予想される「準限界集落」。この日集った住民は50〜60代の男女が中心だった。

参加を呼び掛けた考える会会長の嶋田恭明さん（63）は作業の手を休め、きれいになったグラウンドや土手、校舎前の花壇などを誇らしげに見渡した。「これが大葛なんです」

市立大

大葛小の美化活動に集まった住民。
多くの草刈り機が並ぶ姿は圧巻だ

さなぶり運動会

「みんな本当に元気。見ているだけでうれしくなるの」。大葛で生まれ育った佐藤トミヱさん（83）は声を弾ませた。

6月28日、2012年に閉校となった大葛小学校で地区運動会が開かれた。毎年8月に行っているが、今年は農作業がひと段落したこの時期に実施することにした。あいにくの雨で、1週間前に住民たちによって雑草がきれいに刈り取られたグラウンドは使えなかった。だが、小さな折り畳み椅子や内履き、みんなで食べる菓子などを手にした住民が小学校の体育館に続々と集まってきた。

運動会は7集落の対抗戦。200人を超える住民が参加した。地元言葉で号令を掛ける「秋田弁ラジオ体操♪」で体をほぐしてから競技を開始。玉入れや綱引き、むかで競走などバラエティーに富んだ種目を楽しみ、普段は静かな体育館に声援や笑い声が絶えなかった。

ラジオ体操の掛け声を担当した忍《おし》テツ子さん（61）が「運動会は大葛を出た子どもたちが

古里に帰ってきて参加してくれる行事の一つ」と教えてくれた。

確かに昨年から取材で度々大葛を訪れているが、若者や子どもがこんなに大勢いる光景を見たのは初めてだ。競技そっちのけで赤ちゃんに夢中のおばあちゃんの姿も。

7年ぶりの総合優勝に輝いたのは、地区で最も人口が少ない金山集落。〝運動会のために〟と帰ってきた出身者とその子どもたちが、集落の人と一緒に力いっぱい競技に臨んだ結果だ。

森越集落に住む佐藤さんは集落の若者や子どもらが競技を終えて戻ってくるたびに「頑張った。頑張った」と声掛け。運動会後の集落の懇親会でも歓談の輪の中にいた。「たくさん手をたたいて、たくさん笑った。ここはみんな顔見知りだもの。来年もちゃんと応援するがら」

大葛の出身者も数多く参加した運動会。
体育館は終始声援や笑い声に包まれた

屋上の天文台

閉校となった大葛小学校の2階建て校舎屋上に上がり、夜空を見上げた。山あいの澄んだ空は無数の星で埋まっていた。6月下旬に開かれた今年最初の観察会。子どもたちから「すごい！」「あっ、北斗七星だ」と歓声が上がる。空に吸い込まれそうな感覚を覚え、カメラを構えるのも忘れて見入った。

三方を山で囲まれた大葛小は、街の明かりから離れ、夜空を見るには絶好の場所。そんな校舎屋上には口径150ミリの望遠鏡を備えたドーム式の天文台があり、地域のシンボル的存在として愛されている。望遠鏡は現在、県内3番目の大きさを誇るという。

観察会の運営を担っているのは大葛の住民が中心の比内町天体観測会。地区の青年団員らと共に星座の解説をしたり、土星の美しい輪をのぞいてもらおうと望遠鏡を操作したりして、集まった親子連れを夜空の旅へといざなった。

天体観測会は、天文台を備えた今の校舎に建て替えられた1991年に発足。学校の先生の負担を考え、当初から夜の星空観察は地域住民が担ったという。

会長代理を務める山本昇さん（64）は発足時からのメンバー。「とにかく望遠鏡の操作を覚えようと必死だったのを思い出す。当時は、こんなに早く子どもがいなくなるとは考えもしなかった」

閉校後、天文台の鍵が開くのは年に5、6回ほど。だが観察会に集まる人は回を重ねるごとに増えている。観測会のメンバーは現在4人。山本さんは「会は、メンバーが減ってしまい小さなともしびのような存在だが、これからも星にそして宇宙に興味を持ってもらう役割を果たしたい」と話す。

プラネタリウムのような満天の星から、星座を探し出せる環境はうらやましい。

校舎の屋上から見た北の空。日が暮れると満天の星空が広がった＝6月22日午後8時50分ごろ（30秒間露光）

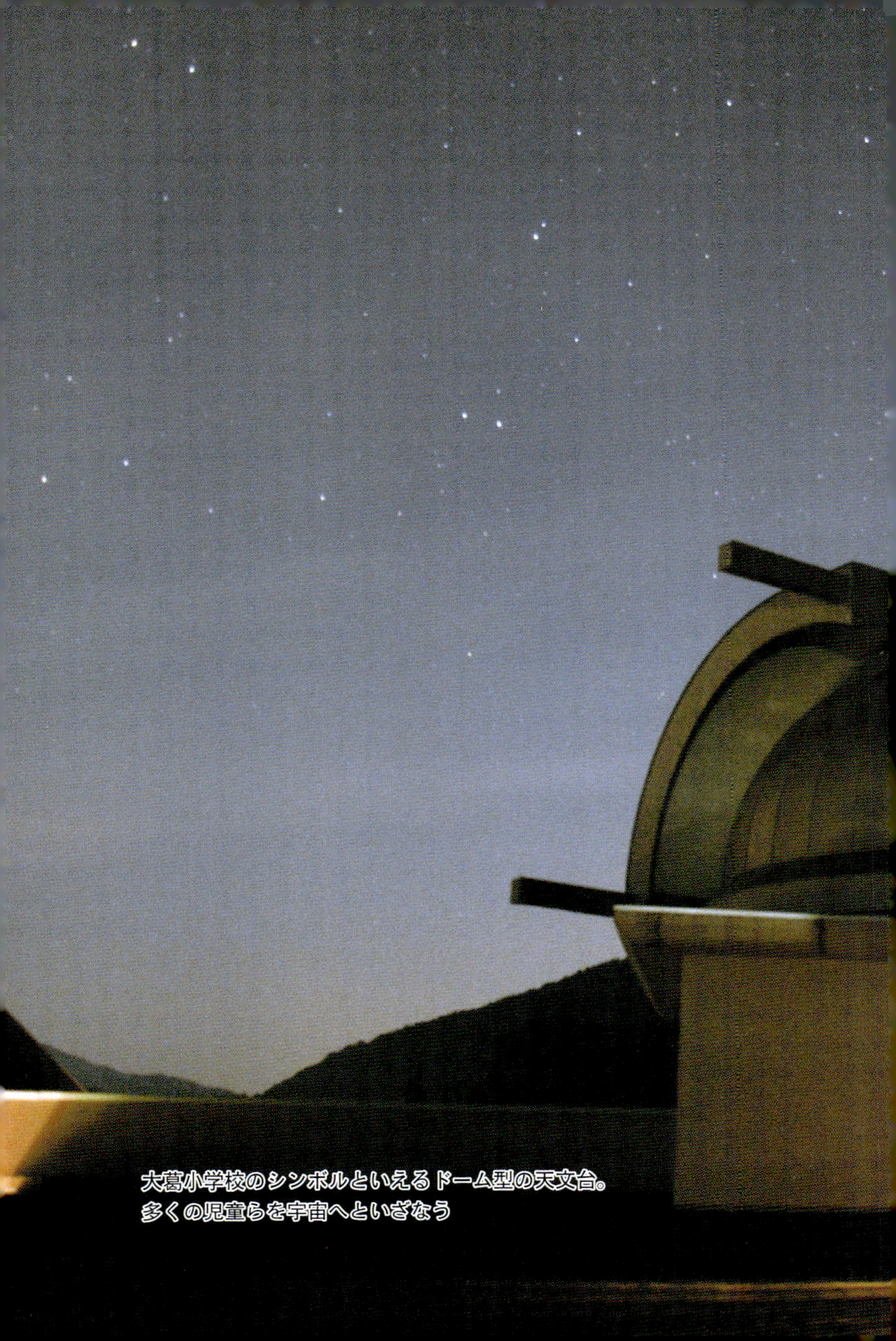
大葛小学校のシンボルといえるドーム型の天文台。
多くの児童らを宇宙へといざなう

いちごサロン

大葛地区の動脈である県道から脇にそれ、車1台がようやく通れる幅の橋を渡って夏焼《なつやき》集落に入るとハナショウブ園が見えてくる。約450平方メートルの休耕田に1500株があり、薄紫や白の鮮やかな花々が小さな集落を彩っていた。

同集落の泉ヨシさん(77)が20年ほど前から、自宅向かいの減反田の一部で栽培。花の咲き具合や色を見極めながら株分けしてきたショウブ園は、わずか2軒の夏焼の初夏の風物詩になった。

7月8日、泉さんの自宅。午前10時を過ぎたころ、夏焼と、近くの大渡《おおわたり》集落に住む63歳から80歳までの女性4人がやって来た。大館市社会福祉協議会が定期的に開いている「いちごサロン」の集まりだ。

この日は料理教室。泉さんら5人は管理栄養士の手ほどきを受けながら、「ごぼうピラフ」「鶏肉のトマト煮込み」「かぼちゃサラダ」の3品を1時間ほどで完成させた。

「だしが効いていてご飯がおいしい」「サラダに載っている生クリームがハイカラだね」。食事を楽しみながら、近所や家族、畑のこと、思い出話に話が弾んだ。

泉さんは、三つ年上の夫を61歳で亡くしてから1人暮らし。雪深い1月から3月ごろまではJR大館駅の近くに住む長男（55）宅で過ごす。「冬はやっぱり不安。雪が多くて外に出なくなるし、年がいくと静かなのが嫌で」

それでも、雪のない時期は大葛に戻る。ショウブを育てたり、近所の仲間と集まって手芸をしたりと、大葛での暮らしは掛け替えのない時間だからだ。「みんなが気兼ねなく世間話できる場所になるなら」とこれからもサロンの代表も続けていくつもりだ。

夏焼のもう1軒、夫と息子の3人で住む畠山八重子さん（63）の存在も心の支えになっている。畠山さんは言う。「小さな集落だしお互いさま。様子を見て、気に掛けていくのは自分の役割なのかなと思ってます」

集落を彩ったハナショウブ園。
花の寿命は数日で、7月12日には株分け作業が始まった

泉さん（右）が代表の「いちごサロン」。
出来たての料理を囲み会話が弾んだ

100円温泉

「やっと雨が降ったな。そっちの畑はどうだ」「○○さん、久しぶりだな。元気にしていたか」。7月18日夕方、五角形の浴槽では顔見知りの地元の人たちの会話や笑い声が広がっていた。金山川沿いにある「大葛温泉町民浴場」のいつもの光景だ。

入浴料は100円（小中学生は50円）で、地元の住民団体「大葛の将来を考える会」が運営する。良質な源泉掛け流しと低料金で、鹿角市から来る常連も多く、オープンから16年で約115万人が利用した。

温泉は1965年に町営温泉として開設、旧比内町が99年に施設を改修した。その際、考える会が町から運営を引き継いだ。無料だった入浴料はこの時から100円となった。消費税増税で値上げも話題に上がったが、据え置きで落ち着いた。現在は森合集落の畠山政治さん（64）らが受け付けや清掃を行っている。

取材の帰りに立ち寄ることも少なくないこの温泉はお湯は少々熱め。湯気で満たされた浴室にいると、わずか数分で体の芯からぽっかぽかに。「皮膚病に効く」という評判通り、肌もつるつるになる。

18日夕は、駐車場で「温泉まつり」の準備中。そこに嶋田フサ子さん（81）と山口ハマ子さん（78）がリラックスした表情で玄関から出てきた。大葛集落に住み、家が近所の2人は1日置きに通っているという。

「漬物の漬け方を互いに伝授し合ったり、今晩何作ると聞いてみたり、風呂さ入ってのおしゃべりが何より楽しい」と嶋田さんが話すと、山口さんは「やっぱり女も裸の付き合いなのよ。私たちの大事な社交場」と応え笑顔を見せた。

19日は考える会が、利用者への感謝を込め、恒例の温泉まつりを開いた。入浴料を無料としたほか、ステージイベントや物産販売を行い、山あいの温泉は終日にぎわいを見せていた。

良質な源泉掛け流しで根強い人気を誇る
大葛温泉。風呂場で住民の交流が芽生える

計画節電

長部集落に住む山本正直さん（71）、久子さん（68）夫婦は家の照明やテレビ、エアコンを消し、ろうそくをともした居間で息子の帰りを待っていた。

大葛地区を挙げて自主的に消灯する「計画節電」の試みだ。7月24日に第1弾が行われた。午後8～9時の1時間、街路灯のみがほのかに光る静かな闇に包まれていた。

「ろうそくの明かりを見ていると、小さいころを思い出すよ」と正直さん。普段の正直さんはテレビを見てくつろぎ、久子さんは食事の後片付けをしたりして過ごすことが多いという。「いつもはあまり意識しないで電気を使っている。あらためて無駄な電気は使わないようにしようという気持ちになる」。そう正直さんが言うと久子さんがうなずいた。

全戸で明かりを消す計画節電は東日本大震災直後の2011年にスタートした。企画したのは大葛の青年団員でつくる「青若会《せいわかい》」。

「一人の力は小さくても、みんなで結集すれば大きな力になる。大葛から節電に貢献しよう」

各集落の代表らが集まった会合で提案した。「計画節電」の取り組みは大葛に定着。5年目を迎えた今年も青若会のメンバーが全世帯にチラシを配って協力を呼び掛けた。

「世の中が節電、節電の大合唱だった当初と比べ、試みの狙いは変わりつつある。懐中電灯やろうそくの場所を確認したりと、お年寄りらに〝いざ〟という時の備えの機会にしてもらえれば、という思いがある」と会長の畠山鉄男さん(52)。

計画節電が一斉に始まった8時すぎ、青若会のメンバーと各集落を回ってみることにした。畠山さんは「きょうは節電の日だから早く寝るという人もいた」と説明するが、照明を消している家の何と多いこと。会によると、地区に暮らす約230戸のうち、8割以上の家が節電に協力していた。

原発停止後、電力会社は火力発電などで電力を供給。東北電力は停止中の原発が再稼働せず10年並みの猛暑になっても、供給余力を確保できるとしている。

それでも畠山さんは言う。「微々たる節電かもしれない。できることを無理をしないでみんなで続けていく。これが大事なんじゃないかな」

計画節電は8月1日も行った。

山本さん夫婦は照明やテレビを消して
ろうそくをともし、１時間を過ごした

ラジオ体操

「おはよう！」。7月31日午前6時半。2012年3月で閉校になった大葛小学校の目の前に立つ一軒家から、ちょっと眠そうな東館小学校4年の山本杏さん（9）が出て来た。外では、つなぎの作業着姿の父隆仁さん（52）＝農業＝が待っていた。2人だけのラジオ体操が始まった。

昔も今も夏休みといえばラジオ体操。家の前に止めてある軽トラックのカーステレオから流れてくるのは、おなじみのメロディーと掛け声だ。

2人は一緒に腕を大きく回し、背中を反らす。体操が終わると、家に戻り隆仁さんが杏さんのスタンプカードに「出席はんこ」を押す。これが夏休み期間中の2人の朝の日課だ。

「杏が家でラジオ体操をするのは1年生の時から。俺らのころはみんなで集まってするものだったけど。やっぱりさみしいね」

大葛小ＯＢの隆仁さんはそう話すと、ラジオのスイッチを切った。

杏さんを含め、統合した東館小に大葛地区から通う児童は現在7人。大葛小の閉校時の児童は21人いたが、この4年で3分の1に減った。地区の7集落のうち、大葛、大谷、長部、大渡夏焼の4つの集落の児童数はゼロ。残りの小学生がいる3集落でもラジオ体操を集まって行うところはもうない。

閉校後の児童減少に拍車を掛けたのが、町場への一家での転居だった。「学校が遠くなったことで、子育て世代が大葛を離れていくのは分からなくもない」と隆仁さん。大葛から統合先の東館小までは約10キロ。子供を持つ親の多くが働く市中心部までは20キロ以上もある。子供の通学や親の通勤は毎日のことで、利便性を考えるとやむを得ないのかもしれない。杏さんと同じ学年の子供も200人近い児童がいる扇田小に転校していったという。

杏さんは大葛小に通うことを楽しみにしていたが、12年4月の入学式を目の前の学校で迎えることはかなわなかった。しかし隆仁さんが大葛を離れることを考えたことはなかった。「杏や、3歳になる弟の新太にとって田舎暮らしは今しかできないこと。ここには地域の皆さんの優しい見守りもある。たくましく育ってほしい」

連日のプール通いで日焼けした杏さんは、隆仁さんのそばで少しはにかんだ表情を見せた。

自宅前で行うラジオ体操。杏さんは父
隆仁さんと一緒に軽快に体を動かした

70年前の「あの夏」

普通に笑って過ごせない日々があった。終戦から70年。大葛の人々は「あの夏」どう行動し、何を考えたのか。

8月5日、温泉施設「比内ベニヤマ荘」に女性たちの笑い声が響いていた。その輪の中に木村俊江さん（86）＝旧姓山口＝がいた。

青春の遠き鼓動がよみがえる合歓の花咲く古里の道

夫を1992年に亡くしてから、木村さんは短歌を詠むようになった。よく題材にするのは古里大葛のかつての風景。ベニヤマ荘は、木村さんが戦時中、電話交換などの仕事をしていた大沢鉱山のあった場所だという。月に1度は必ず訪れる。

45年8月15日。木村さんは大葛青年学校にいた。「部屋の外からガーガーというラジオの音が聞こえました。音がしなくなったなと思ったら、女の先生が泣きながら入ってきたの。『戦争に負けました』と言って、すぐ家に帰るよう指示されました」

この先どうなるのか、予想がつかなかった。父ら近所の大人たちは、無表情のまま犀川沿いに敷かれたレールの上に暗くなるまで座っていたのが強く印象に残る。

今でも大事にしているものがある。友人が鉱山会社のタイプライターで隠れて打ったという手紙だ。

「言いたいことが言えない、そんな時代だったんでしょうねえ」。そう話すと、青いインクで印字された手紙に目を落とした。家族のこと、好意を寄せていた男性のこと…多感な少女の思いがつづられていた。

同じく大葛で生まれ育った阿部菊治さん（87）は16歳の時、海軍の志願兵募集に応じた。

「国のためでもなく、志願するのが当たり前という雰囲気が周りにありました」

45年1月、各地からの志願兵を乗せた列車で神奈川県横須賀市の海軍工作学校に向かった。

学校では、来る日も来る日もつるはしを手に山に出掛け、防空壕《ごう》の穴を掘った。

「大葛しか知らない自分にとって、軍隊での生活は思っていた以上に厳しいものでした。殴られるのなんかまだいい方と思うくらい」

終戦は部隊の班長から聞いた。悔しく情けなかったが、生きて大葛に、家族の元に帰れることがうれしかった。

戦後70年になって思う。「家族が食べるために父と炭焼きをし、そして林業会社に勤め、とにかく必死に働いた。でもそうしてこられたのは戦争がなかったからかもしれない。もう二度と同じ過ちを繰り返してはいけない」

太平洋戦争当時に友人から送られた手紙を
貼ったノートを手にする木村さん

帰省

お盆に入ると、大葛の人口は倍増する。「ただいま」「お帰り。よく来たな」。帰省した息子や娘、孫らを迎える住民たちの顔は皆ほころびっ放しだ。家々からはにぎやかな声が聞こえてくる。

8月13日に地区内の2カ所で行われた盆踊りも、多くの家族連れが姿を見せ、古里の夏の風物詩を満喫していた。少子化が進む地域だが、この日は浴衣姿の子どもたちの笑顔であふれていた。

翌14日の午前9時すぎ、森合集落の入り口に立つ畠山諭さん(65)の家の前に、つくばナンバーの車が止まっていた。向かいの墓地から線香の匂いが漂ってくる中、長男崇さん(36)=茨城県下妻市、高校教諭=が早くも帰り支度をしていた。

諭さんは孫の来夢《らいむ》君(4)の手を握り、妻アサ子さん(60)は美叶《みんと》ちゃん(1)を抱っこしながら、その様子を見詰める。別れ際、アサ子さんは「また来てね」と手にしていた赤いポチ袋を孫2人に渡した。来夢君が「え、お年玉」と聞くと「お年玉は渡せないかもしれないから、お盆玉なのよ」と答えた。

2人は車の姿が見えなくなるまで手を振って別れを惜しんでいた。

崇さん家族の帰省は2年ぶり。7日間の滞在だった。「孫に何を食べさせようかなと、首を長くして待っていたけど、あっという間でした」とアサ子さん。普段の様子はインターネット経由で専用のデジタル写真立てに送られてくるという。諭さんは「どれくらい大きくなったかは会わないと分からないもんな」と話すと、来夢君のために用意した虫取り網に目をやった。

崇さんは千葉県の大学を卒業後、秋田県内の商業高校などで臨時講師を務めながら本県の採用試験を数回受けたが、かなわなかった。2人は「目標の仕事に就けるなら」と他県での挑戦をサポート。崇さんは8年前に茨城県の試験に合格を果たすと、結婚し家も建てた。

「秋田で先生をしてもらいたいという気持ちはあるけど、子どもも学校も減っているし。崇には、帰るところがあるという思いを持ってくれていればいい」

2人は10月の来夢君の運動会の応援のため、茨城に行くのを今から楽しみにしている。

車に乗り込み、アサ子さん（左）に手を振る孫たち

かつて本県最大の金山として栄えた大葛の地。夏の夕暮れ時、山あいに心地よい風が吹く中「ドドン、ドドン」と太鼓のごう音が腹の底まで響いた。

先祖供養と鉱山の繁栄を願い、250年以上も前から演奏されてきた金山太鼓。ヤマの男たちの腕力に耐えられるよう、ばちは硬くて太いクルミの枝、強力な打撃を受け止め力強い音を響かせる牛皮の太鼓の革が特徴だ。現在は旧金山近くの二又集落の人々が伝承し鼓動を刻んでいる。

集落には7世帯、約30人が暮らす。太鼓の演奏が行われるのは8月13日。全国から集まってきた労働者とその家族が眠る金山墓地で演奏した後、金山川に沿って下って大葛温泉などがある二又集落の家々を回る。

大葛金山民俗芸能保存会の加賀谷廣美会長（64）は「金山太鼓は金山の繁栄によってもたらされた地域固有の財産」と語る。太鼓のために帰省した出身者も含め、この日のたたき手は8人。担い手の高齢化や若者の地元離れなどに伴い、継承は年々難しくなっている。

「地元集落だけでなく、大葛の芸能として伝統継承の輪を広げないと続かない。太鼓をやりたい子にはどんどん教えていきたい」

金山太鼓からさかのぼること1週間、農業が基盤の大谷集落で豊年満作を祈願する「大谷七夕」が6日行われた。笛や太鼓、かねの演奏に合わせて大小さまざまな灯籠が集落を練り歩いた。

汗だくになって太鼓をたたいていた阿部智之さん（33）は4年前から担当している。「前のたたき手の人が亡くなった時、自分がやらなければと思っていた」。県外に就職したが、7年前に実家に戻り、現在は父司さん（58）の会社で働く。

この日行事を担ったのは住民16人。人手が足りず、ちょうちんと灯籠を下げたさおを担当した大人は休む間もなく持ち続けることに。担い手をどう確保していくかが課題だ。

阿部さんが言う。「みんなで集落を回った後にやるスイカ割りや花火が本当に楽しみだった。ここで生きていく人間として、集落を元気にしてきた七夕を途絶えさせたくない」

道中後半、さおの持ち手として飛び入り参加した。さおには灯籠が11個下がっていた。見た目より重く、ずしりときた。

山善

クルミの枝で作ったばちを手に勇壮な音を響かせた金山太鼓

大谷七夕

灯籠を手に集落を練り歩いた大谷七夕

定年帰農

大葛郵便局近くにある山口英良さん（65）方の作業小屋。鼻の奥をくすぐるネギ独特の香りが漂う。山口さんは8月最後の日曜日となった30日も近所の女性らと夏取りネギの出荷作業に追われていた。

手作業で掘り起こしたネギは、皮をむくときれいな軟白部が顔を出す。少雨の影響が心配されたが、山口さんは「しっかりと太さは出ている。甘みもあって出来はまずまず」と胸を張った。

大葛では自家消費用に畑作業をする女性の姿はよく目にするが、市場出荷を目的に野菜作りに取り組む人はごくわずか。そんな中、「使える農地が大葛にはある。少しでも生活の足しになれば」と今年から約40アールの畑でネギの作付けを始めた。

山口さんは大葛の農家の次男に生まれた。高校卒業後、秋田市下浜の郵便局で働き、定年退職後、すぐに誰もいない大葛の実家に戻ってきた。「（自分以外の）きょうだい3人はみんな県外。おやじとおふくろが亡くなって、家と農地を守っていくのは自分しかいないと決意した」。

山口さんは、秋田市に住む妻（65）と娘（35）と離れて暮らす。1人暮らしは5年目に入った。

この4年は1・8ヘクタールほどの田んぼで稲作に取り組んだ。畑作にネギを選んだのは、減反への対応に加え、収益性が望めて東京で売れる野菜を作ってみたいとの思いからだった。家族経営で何ヘクタールも栽培する能代の農家の姿も刺激になったという。

しかし初めてのネギ栽培はそう甘くなかった。最初にトラクターを操り一人で土作りに励んだ。大館市十二所にネギ栽培の名人がいると聞けば、何度も足を運び、教えを請うた。知らないことだらけで、課題を一つ一つクリアしながら前に進んだ。

8月上旬に出荷を開始。現在は1日20ケース（1ケース約5キロ）以上のペースでJAあきた北の集出荷施設に搬入している。だがネギの値段が伸びない。手作業での選別がまだ不慣れで、1ケース500円にしかならないものも。経費もかさみ8月の収支は赤字だった。

「思っていたよりもコストが掛かるなというのが実感。販売手数料やら運搬費用やら箱代やら結構引かれる。それにネギの出し方もまだまだ途上。9月からは挽回したい」

秋取りのものも含め、作業は11月ごろまで続く。

立派に育ったネギを手に笑顔を見せる山口さん。
市場出荷は65歳からの新たな挑戦だ

空手親子

45世帯が暮らす大葛集落の最年少、比内中3年の富沢真優さん（15）が中学生最後の空手の大会に出ると聞き9月6日、山形市に応援に出掛けた。

真優さんが出場したのは東北各県の強豪が集う「全東北大会」（国際空手道連盟極真会館主催）。初戦で惜しくも判定負けを喫した。

相手は、5月に青森県で行われた大会の決勝で敗れた岩城沙英さん（14）＝青森・三本木中2年。目を赤らめ悔しそうな表情を浮かべながらも「前より力の差は縮まったと思う。つかめたものはあった」と手応えを感じたようだった。

直接打撃（フルコンタクト）で相手と戦う極真空手に打ち込んでいた父俊悦さん（47）の影響で、小学1年生の冬に大館市の道場に通い始めた。俊悦さんも今大会の壮年の部で4強に残るなど、互いに切磋琢磨《せっさたくま》している。

「一緒にいる時間をつくりたくて、連れて行ったのが始まりでした」と俊悦さんは言う。

「妻と離婚したばかりのころ。さみしい思いをさせたくなかった。父娘で真剣に打ち込めるものが見つけられた」

真優さんは2014年5月に開かれた県極真空手道選手権大会中学2、3年の部で初優勝を飾っている本県のホープ。2人に初めて会ったのは同年7月、犀川沿いで行われた「あじさい祭り」だった。地域のおじいちゃん、おばあちゃんらに囲まれていた真優さん。「空手頑張ってるが」と声を掛けられると少し照れながら「うん」と応じるやりとりを度々目にしたのが印象に残った。

真優さんは大葛小3年生の時、学校の発表会の場で地域の人に誓ったことがある。

「空手の大会で父と一緒に優勝する」

まだ実現できていないが、結果を出して大葛の人たちに喜んでもらいたいという思いは強い。

そんな父娘を集落は温かく応援する。「子どものいる家が少ないだけにどうしてるかな、頑張ってるかなと気になる。それにこの大葛から全県や東北を舞台に活躍する人が出るのは誇らしいこと」と話すのは山口龍治さん（75）。俊悦さんの父俊夫さん（74）の同級生だ。

全東北大会の2日前、真優さんは、高校生になっても空手を続けることと、卒業しても大葛に残りたいと話してくれた。道着に大会のゼッケンを縫い付けていた祖母京子さん（74）は小さくうなずいていた。

相手を攻め立てる真優さん（左）

父俊悦さん（右）は「あと少しだった」と真優さんの力のこもった戦いぶりをたたえた

1人暮らし2年目

9月11日の昼下がり、山口ハマ子さん（79）は茨城、栃木両県などを襲った水害を伝えるニュース映像を心配そうに見詰めていた。

「水は怖い。たった一日で変わり果てた姿になってしまうもの」

大葛地区の住民には忘れられない一日がある。1975（昭和50）年8月20日、豪雨で犀川の水があふれた。地区の橋は流され、濁流は民家に流れ込んだ。田畑は水に漬かり、道路は寸断。人的被害はなかったが、地区全域が孤立状態となった。

「犀川沿いの家は姿を消し、近くの家で飼っていた豚も流されていった。この先どうしようと真っ暗な気持ちになった。年を取って、あんなことがまた起きたらと思うと…」

山口さんは昨年（2014年）2月、夫一二さん（享年84）を亡くし、一人になった。

夫の看病に明け暮れていた時、帰りが遅くなると隣近所の住民が夕飯におかずを持って来てくれた。葬式では近くの親戚や集落の人が準備に奔走してくれた。「一人で頑張らねばと一生懸命だった。結局はみんなに助けてもらっていた。冬になれば屋根の雪下ろしまでやってくれるのよ」

山口さんに子どもはいない。一二さんは病床で「ハマ子、一人になったらどうすんだ」とよく心配していたという。どう答えたのか聞くと「あなたより体が丈夫で若い彼氏をもらって暮らすがら、気にするなと言ったのよ」と快活に笑う。

糖尿病やぜんそくの持病がある。年を重ね、聴力も少し衰えてきた。こうも言う。「一人で歩けて、ご飯も作れるうちは大丈夫。でも体調が良くない時とか、心細くなることがある」

自宅から約150メートル離れた停留所でバスを待っていると、車で通り掛かった近所の人が「乗ってけ」と声を掛けてくれる。いつもより早く床に就くと「電気がついてねがったけど何としたんだ」と様子を見に来てくれる。

「相手は何げなく発してくれた言葉かもしれないけど、声を掛けてもらうとすごくありがたく思う。一人じゃないって。そんな気持ちにさせてくれるの」

自宅近くにあるバス停留所に向かう山口さん

先生は卒業生

今は閉校になった大葛小学校の校舎に、子どもたちの歓声が戻った。9月15日、旧大葛小天文台で行われた今年2回目の天体観察会。40人を超える親子連れらが市内外から集まった。じんわりと広がる肌寒さに秋の訪れを感じながら、頭上に大きく広がる宇宙に思いをはせていた。

「学校の南の空にははくちょう座が見えます。くちばしの星『アルビレオ』は金色と緑色の星で望遠鏡で見ると宝石のようですよ」

屋上の天文台に向かう前に行われた星の学習で、秋の星座について角森繁永《としのり》さん（31）＝農業＝が解説した。この日が先生役初挑戦。最初は少し緊張した表情だったが、次第に言葉の一つ一つに熱がこもった。子どもたちは角森さんの話にうなずき、満天の星空に期待を膨らませていた。

角森さんはこの校舎が完成した1991年に同小に入学した。太陽の黒点、月のクレーター、土星の輪、アンドロメダ大星雲…。天文台は宇宙への階段だった。「天体望遠鏡をのぞくといつもわくわくした。懐かしいです」

2012年3月の閉校後、市は校舎を比内公民館付属大葛天文台とした。市は当初、校舎を自然体験拠点にする考えを示していた。だが、3年半が経過しても学校が開くのは天体観測が行われる時だけ。それも年にわずか3回程度になった。

「学校を、天文台をこのままにはしておけない」と大葛の青年団員でつくる「青若会」は、14年7月から望遠鏡の操作や星座の学習を始めた。角森さんもメンバーの一人だ。地元の60〜80代の4人になった比内町天体観測会から指導を受けている。時間をかけても地元主催で観察の機会をつくりたいと考えている。

子どもたちが集まる前、観測会の会長を務める佐藤弘さん（85）が、角森さんに説明のポイントを伝えていた。佐藤さんは校舎建て替え時の校長。「卒業生が立ち上がってくれた。後継者を育てられると思うとうれしい」

角森さんは「街からは遠くても、星を見るためにこれだけの人が来てくれることを、観察会を手伝うようになって初めて知った。少しずつでも自分たちができる範囲を広げて、天文台をもっと活用したい」と語った。

角森さん（左）に星座解説のポイントを伝える佐藤さん

南西

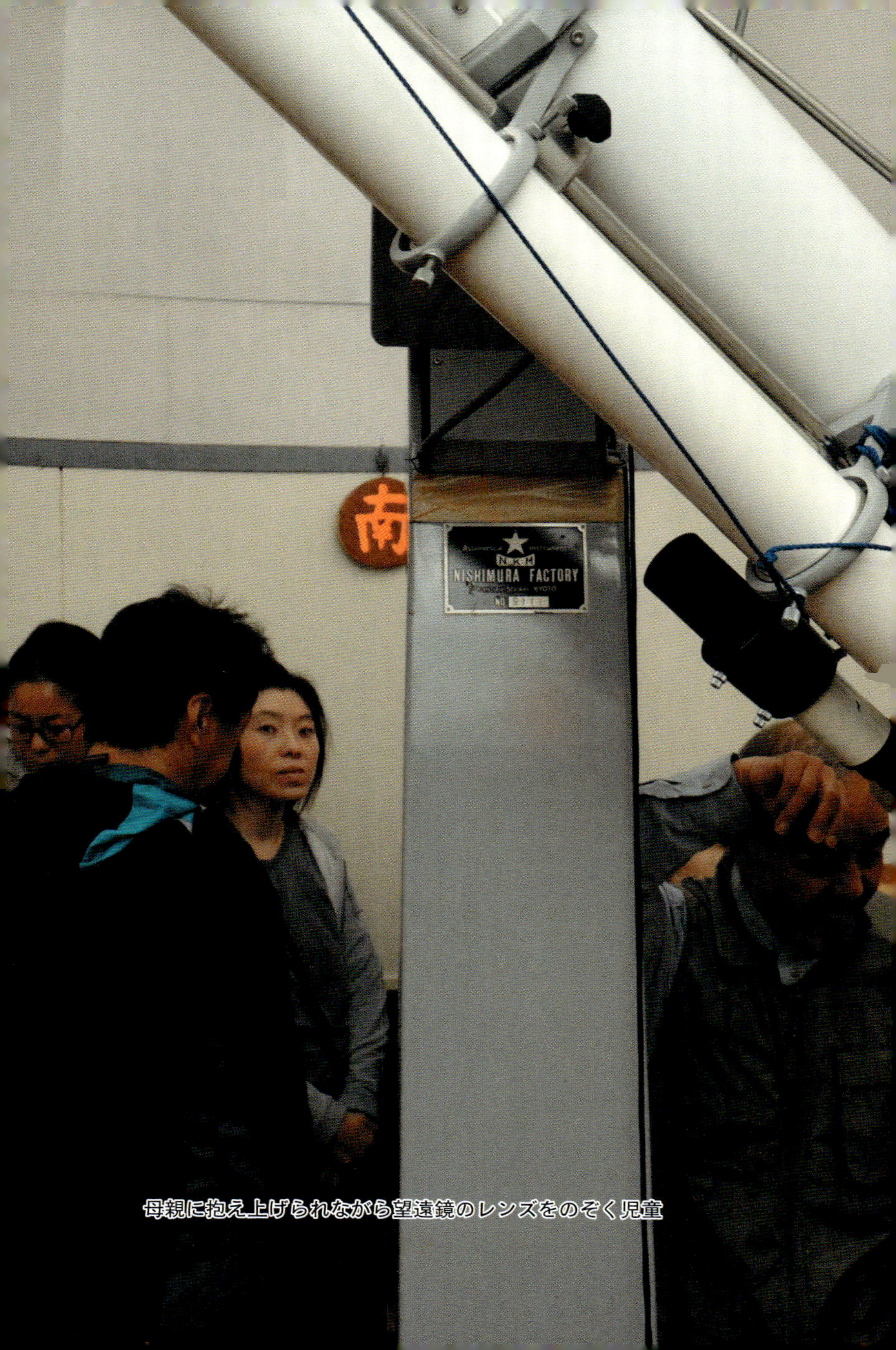

母親に抱え上げられながら望遠鏡のレンズをのぞく児童

温泉の洗い場新設

「100円温泉」として親しまれている大葛温泉共同浴場に待望の新しい洗い場がお目見えした。樹齢80年ほどの秋田杉の丸太をくりぬいた掛け湯槽を地区住民が手作りした。丸太の中に引いたお湯をおけなどですくって使う仕組みだ。男女それぞれの浴場には木の香りがほのかに漂う。

9月17日午前8時すぎ、設置作業が行われた同浴場。「(掛け湯槽は)寸法もぴったり」「洗面器もちょうど入る大きさだ」「これで洗い場不足が解消される」。温泉を運営する大葛の将来を考える会のメンバーたちの弾んだ声が響いた。

製作したのは、森越集落で製材所を営む畠山東喜男さん(70)、正人さん(44)親子。考える会メンバーの一人である東喜男さんが6月、自ら製作することを申し出た。「温泉の懐状況は厳しい。ならば作っちゃおうと。予定よりは遅くなってしまったけど、約束が守れてほっとした」と東喜男さん。

遅くなった理由は東喜男さんの心臓の病気だった。8月初旬に秋田市の秋田大医学部付属病院で手術を受けた。

「洗い場の木をどうしようかと入院中も考えていた。それに、製材所をいつまでも息子に任せっきりというわけにもいかないしな」

術後は順調。洗い場作りは9月に入ってから本格的に始め、2週間ほどで完成させた。

3代目の正人さんは鷹巣農林高を卒業後、埼玉県の木材問屋での修業を経て21歳の時に大葛に戻ってきた。

正人さんのように働き盛り、子育て世代の40代男性は大葛に31人で、全人口615人のわずか5%。2人で営む「森越製材所」は今、住宅用建材と測量に使うくいの加工、冬季の除雪作業が収入の3本柱。

主力だった住宅向けは長引く景気低迷で振るわない時期が続いた。正人さんはいったん製材の仕事を離れ、2000年から市内の通信機器メーカーで約5年間働いた。個人経営の製材所と両親を支えるのは「自分の役割」と決めていた。

畠山東喜男さん（右）、正人さん親子。2人が営む製材所の加工機械の前で

測量の仕事は知り合いに頼まれて現場の手伝いに行った際に受注につなげたという。

その後、新築の着工が回復傾向となり住宅用建材加工の受注が増え、測量の仕事も軌道に乗った。正人さんも家業に専念できるようになった。

今回の掛け湯槽作りで正人さんは古里への愛着が増したという。「仕事はこれからもおやじと二人三脚。でもあまり無理はさせられない。地域のことに、もう少し自分も関わっていければと考えている」

親子が手掛けた新たな洗い場は「いいのができたな」と利用者に喜ばれている。

畠山さん親子が手掛けた秋田杉の丸太をくりぬいた掛け湯槽。
住民の手で据え付けた

踊る母さん

軽快なリズムに乗った明るい歌声と踊りは、周りの人を笑顔へといざなう。

♪会いでがった　会いでがった　会いでがった　Ｙｅｓ！　おめさ〜

アイドルグループ「ＡＫＢ48」のヒット曲「会いたかった」の秋田弁替え歌を歌うのは、大葛の母さんたち。披露するのは地域のイベントや慰問先の老人ホームなど。歌って踊ればその場がパッと華やぐ。

9月30日の午後7時半、県道沿いの大渡集落。夕飯の後片付けを終えた女性3人が忍テツ子さん（61）の家に集まってきた。忍さんと同じ集落に住む泉美智子さん（59）と佐藤則子さん（55）、大葛集落の嶋田恵子さん（59）。劇の練習をするためだ。

「ここのせりふはゆっくりしゃべった方がいいな」「身ぶり手ぶりは大きく」。4人は意見を出し合い、演技に厚みを付けていく。「無理せず楽しんでやる。みんなが思いっ切り笑ってくれると、よしっと思う」と忍さん。

彼女たちが劇をやったり、踊って歌ったりするきっかけとなったのは大葛小学校の学習発表会。児童の発表だけではすぐに終わってしまうからと、各集落ごとに出し物を披露するのが大葛地区の〝決まり〟だった。4人は、小学校が閉校になるまで参加し続けた。佐藤さんは「集落の人からは『やらないと村八分だぞ』なんて脅されたもんです」と笑顔で振り返る。「嫁に来たけど、周りは知らない人ばかり。地域とのつながりは子どもの成長と共に強くなっていった感じがします」

人前で演じることの楽しさを知った4人は5年ほど前から、依頼があればイベントに出演するようになった。そして1年前の8月、「大葛よっしゃこい劇団」を結成した。

小学校が消え、人が減り、大葛が準限界集落となったことに対する危機感が劇団結成の背景にあったという。「将来に不安はある。でもみんな元気でいてほしい。その手助けとなる笑いを届けたかった」と嶋田さん。自分たちが地域でできることとして踏み出した。

新たな脚本作りにも取り組んだ。「花嫁道中」は、花嫁が大葛に来るまでにクマに出くわしたり、嫁見行列ができたりするドタバタ劇。「嫁ぎ先で初めて旦那の顔を見た」というしゅうとめ世代の話を織り交ぜてコミカルな内容に仕上げた。

「久しぶりに大声で笑った」「また見たい」。温かい言葉を掛けられる。「でも、結局は私たちもみんなから元気をもらっている」と泉さんは感謝の気持ちを口にする。

この日夜遅くまで練習したのは「大館市まるごと劇団」が本場大館きりたんぽまつり（大館樹海ドーム）で10月11日に上演する「爆笑！　秋田弁講座２０１５」。よっしゃこい劇団の３人もステージに立ち、多くの観客を笑いの渦に巻き込んだ。

本場大館きりたんぽまつりの舞台に立つ忍さん（左）と泉さん。
２人の軽妙なやり取りが観客の笑いを誘う＝大館樹海ドーム

きらびやかなドレスを身にまといポーズを決める母さんたち

受け継ぐ土地

「日照時間が短い大葛は、稲刈りが大館の平地部より1週間ほど遅れる。今年は天気が悪い日が多くてなかなか思うように進まないんだよ」。こう話す大葛集落の農業嶋田久成さん(77)は、10月の3連休も雨の合間を縫って稲刈りに精を出した。

秋の気配が深まる大葛。朝露が乾く時間帯になると、あちこちの田んぼからコンバインの軽やかなエンジン音が響く。刈られた稲が波打ちながら次々と機械に吸い込まれていく。脱穀され、はき出されたわらが黒い土の上に黄緑のしま模様を描いた。

嶋田さんが耕作を担うのは約5ヘクタール。高齢化で農作業ができなくなった人の田んぼも作業受託している。田んぼ1枚当たりの面積が小さいため、作業は平地部よりも大変で、コストも余計にかかる。作業を共にしてきた妻ヨシ子さん(享年72)を2013年12月に亡くしてからは、耕作面積を減らした。

国は農業強化策で意欲ある担い手への農地集約を狙うが、大葛などの中山間地域では地形や効率の悪さがその阻害要因と言われる。15年産米の10アール当たりの予想収量は県北で566キロ。だが大葛では「8俵（480キロ）もあれば御の字だよ」と嶋田さん。

嶋田さんは45世帯の大葛集落で唯一の稲作専業農家。地区内の7集落でつくる住民団体「大葛の将来を考える会」の会長も14年まで8年間務めた。それだけに、農地集約が難しく、収量も少ない大葛での農業をどう維持していけばいいのか、不安は尽きない。コメの輸入量拡大などを盛り込んだ環太平洋連携協定（TPP）の大筋合意にも危機感を抱く。「できた米は出荷するけど、米価が下がってしまって苦労ばかりでもうけにはならない」

市によると、大葛地区の耕作放棄地は拡大傾向にある。05年は24ヘクタールだったが、10年は32ヘクタールと33％も増えた。「荒れてしまった田んぼを見るともったいないなと思う。自分がもう10年若かったらという気持ちにもなる」とも。

田植えや稲刈りは、同居する会社勤めの長男久輝さん（54）が休日などに手伝ってくれるが、「先祖代々受け継がれてきた大切な土地。体が動くうちは耕し続けたい」。そう言って、農業への誇りを胸に田んぼに向かった。

黄金色に実った稲穂をコンバインで刈り取る嶋田さん

将来を考える会

「大葛には7集落あり、それぞれ抱えている課題は違う。ただ、共通しているのは古里を良くしたいという強い思いだ」。こう語るのは「大葛の将来を考える会」会長の嶋田恭明さん(64)。会長となった2014年5月以降、イベントの企画や準備、町民浴場の運営などに奔走してきた。支えてくれたのは「古里のために何かしたい」と願う多くの住民たちだった。

嶋田さんは1990年に仙台市から家族5人でUターン。長く大葛郵便局長を務めた。いつも考えているのは、誰もが安心して暮らせる地域にするにはどうしたらよいか。そして、若者が戻ってくるためには何が必要なのか。

同市比内町の中心部から大葛までは車で20分以上かかる。道幅が狭く、急なカーブが続く。3月下旬の朝、森合集落で住宅2棟が全焼する火事があり、87歳の女性が亡くなった。最も近くにある消防署は比内町中心部の分署。現場を心配そうに見詰めていた親類の70代女性が

「消防車がもっと早く来てくれたら」と話したのが強く印象に残る。もちろん救急車も同じことだ。

嶋田さんは「市街地から距離があることで、みんなそれなりに覚悟して暮らしている。でも道路が良くなれば状況は変わるのではと思うことがある」と話す。

考える会は、75年に大葛を襲った大水害で古里を離れる人が続出し、地域崩壊の危機に直面する中で誕生した。各集落の自治会や老人クラブ、青年会などを網羅。防犯灯の整備をはじめ、住民対象の研修会や生活道路の整備なども自主的に手掛けてきた。

10月上旬、大葛集落にある高齢者若者センターに考える会の役員9人が集まった。23日に行われる福原淳嗣市長との「語る会」に向けて、市への要望事項を取りまとめるためだ。

議題には、道路改善や小学校の利活用策に加えて、地区内の3歳未満児に認可保育所への入所を希望しながら入れない「待機児童」がいることなどが上がった。

大葛保育所は2008年に閉鎖。後を追うように小学校もなくなった。住民たちが「宝物」のように大事にしていた子どもの声が地域から消えていった。「このままでは若い世代がますます離れてしまう」と嶋田さん。危機感は募る。

できることは自分たちで解決してきた。しかし行政に頼らざるを得ない部分は多い。その課題は解消されるどころか年々深刻になっているというのが嶋田さんの実感だ。

福原市長とは初めての語る会。「大葛が距離的ハンディを背負っているのは確か。高齢化が進む中で生まれた課題も多い。そんな周辺部での暮らしをどう考えているのか、市長の口から直接聞きたい」

市長と語る会に向けて集まった「大葛の将来を考える会」の役員。
左から３人目が嶋田会長

地区の中心部にある旧大葛保育所。
子どもの声が消えて７年がたった

市長が来た

県道沿いの温度計が1桁台に下がった10月23日の夕暮れ時、大葛地区中心部の高齢者若者センターに続々と住民たちが集まってきた。福原淳嗣市長と初めての「語る会」に参加するためだ。約60人が席を埋めた。

地区の有権者数は552人（9月2日現在）で、市全体のわずか0・86％。旧比内町時代は地区から町議が出たこともあったが、合併で大館市になってからは地区選出の市議はいない。4月の市長・市議選の時、「政治となると遠いよ」という住民の声も聞いた。町時代と比べ議員との距離が離れた分、「語る会」は直接市長に要望を伝えられるとあって、住民の期待は大きかった。

大葛集落の自治会長を務める山口龍治さん（75）もその一人。いつも自宅向かいの木工所で見掛ける時は作業着姿だが、この日は背広を羽織ってやってきた。

「大葛小学校を復活できないか」

最前列に座り、質疑応答の先陣を切った。子どもを持つ若い世代などが大葛から離れ、廃校が過疎を招いていると感じている。閉校時の児童数は21人。現在はその3分の1の7人に減った。

「熊本県多良木町では集落存続を目指して児童1人でも小学校を再開した。大葛も小学校なしでは地域の再生はできない」。こう続けた。現実的ではないのかもしれないとの思いはあった。それでも、他の地域にできて、大館でできないとは考えたくなかった。

市当局は、その場での返答はしなかった。

会の終わりを待って、福原市長に山口さんの質問について聞いてみた。回答は「小学校を大切にする気持ちは伝わった。先進事例を勉強したい」とのことだった。

大葛からの要望は計17項目。県道改良の要望は「県に伝える」、旧大葛小学校の利活用や市道改良などは「今後も検討を進める。理解をお願いしたい」といった回答が続いた。

スタートが午後6時とあって出席者は大半が60代以上。この日の最年少、長内冬樹さん(42)は仕事を途中で切り上げ、鹿角市の職場から駆け付けた。「初めて会に出たが、こんなものかと。民間であれば期限を設けた回答をしないと、相手にしてもらえないけど」。要望の中身も「やってください」だけではだめだと感じたという。

語る会後、市長を囲んでの懇親会が開かれた。「この3年半の間、抱えていた思いを市長に話すことができた。まずはそれでいい」。参加していた山口さんは柔和な表情でこう語った。

市長と語る会には地区人口のおよそ１割が出席。
山口さんは「大葛小の再開」を福原市長に訴えた

老老介護

紅葉した山を背にした大葛地区を冷たい雨が包んだ10月30日の昼下がり、60代女性宅で、女性3人が茶飲み話に花を咲かせていた。少し高めのトーンのかわいらしい声が印象的な嶋田スエさん（89）はリラックスした表情を浮かべていた。

「じいさんには悪いけど、のんびりしゃべっていると楽しくて時間を忘れるの」

スエさんは夫富蔵さん（93）と2人暮らし。2人は「じいさん」「ババ」と呼び合う。富蔵さんは現在、要介護5で全てに介助が必要な状態。認知症もある。月の半分は市内のショートステイ（短期入所）施設を利用し、残りは大葛の自宅で過ごす。

2013年春、富蔵さんは自宅で倒れ、救急車で市内の病院に運ばれた。ぼうこうがんの手術を受けた。移動や排せつ、食事などに介助が必要な状況になり、認知症も進んだ。退院前に介護サービスの利用を勧められ、その年の夏から施設と自宅を行き来するようになった。

スエさんには頭から離れない一言がある。

『ババの世話になってこの家で死にたい』と言ったの。そういうことを口にしたことがない人だったから」

自宅で倒れる少し前、夫婦の何げない会話の中で富蔵さんが漏らした。足腰が弱り、日常生活もスヱさんの手助けを必要としていたが、認知症の症状はまだ進んでいなかった。

「じいさんの願いをかなえてあげたい」。昼夜問わずの排せつの世話はつらいし、施設に預けることへの申し訳なさもあるが、大葛の家ではできる限り自分が見る、頑張りたい、とスヱさんは思っている。けれど、目が不自由になった自分にも不安がある。

富蔵さんは夜になると叫び声を上げることがある。掛けていた布団を剥ぎ、ベッドから下りてしまうことも。富蔵さんを寝かしつけるため、ベッドのそばに床を敷き、つきっきりで夜を過ごす。

自宅には、隣に住む嶋田フサ子さん（82）が「元気だが」といつも顔を出す。「自分はここまでできるかなと思う。スヱさんは気持ちがりっと（しっかり）しているもの」。18年前に夫勝男さん（享年66）を亡くしたフサ子さんはこう話した。

ごみ出しの日には、外に出たスエさんを見つけた近所の人がごみ袋を収集所まで持って行く。買い物を頼める人がいる。自宅前の雪寄せも誰かがやってくれる。周りに支えてくれる人がたくさんいる。

現在、ショートステイ利用中の富蔵さんが次に自宅に戻ってくるのは11月11日。スエさんは何を食べさせようかと思案している。少しでものみ込みやすくしようと、食べ物には「とろみ」を加える。おいしそうに食べてくれるのが何よりうれしい。

「私がじいさんを仏様のところにおくれば、次の日死んでもいい。そう思うのよ」

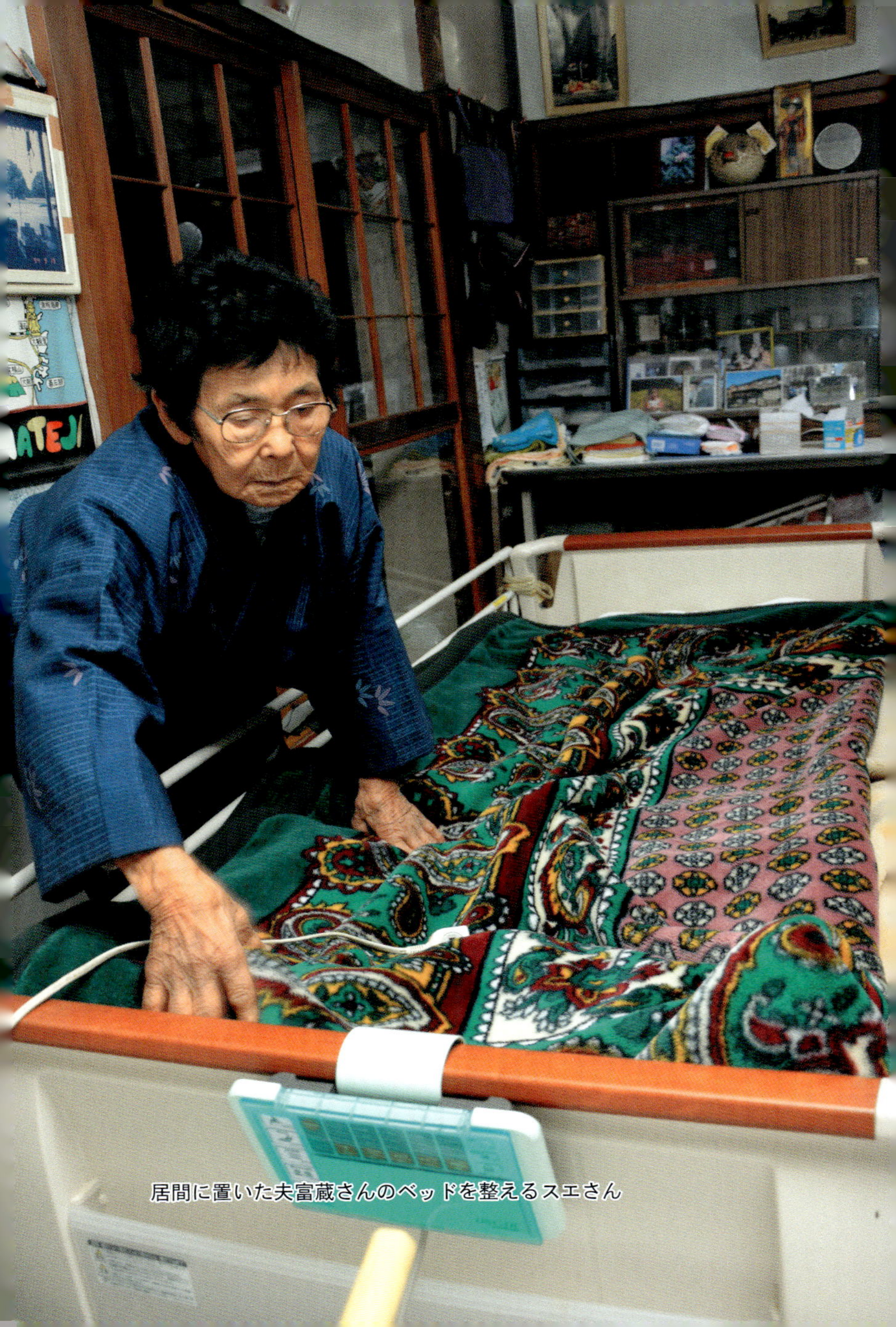

居間に置いた夫富蔵さんのベッドを整えるスエさん

集落のコンビニ

午後3時すぎ、店内に置かれた五つほどの椅子が地域のお年寄りたちで満席になり、おしゃべりが始まった。話の中身は「新聞記者さんにはあまり教えられない」ということだが、店は集落の「社交場」といった様相を呈していた。

大葛地区を貫く県道から小道に入り、家々に沿って200メートルほど進むと、赤いポストが見えてくる。そこに「山本商店」がある。10坪にも満たない小さな店だが、56世帯144人が暮らす森越《もりこし》集落住民、特に車を運転しないお年寄りにとってはなくてはならない場所だ。

店内には食料品に雑貨など約300品目が並ぶ。仏壇用のろうそくや線香などの品ぞろえが充実しているのは、高齢世帯が多い集落ならではの特徴かもしれない。

11月8日の正午前、店を切り盛りする山本久子さん（68）が翌日に仕入れる商品をどうするか、店頭の品目の在庫状況を確認していた。

店内をぐるっとのぞいてみる。魚の切り身、調味料、白髪染め、手袋、電球、乾電池、香典袋、客の好みに合わせて複数の種類があるシャンプーや食器用洗剤──。品ぞろえの豊富さに驚いた。「電球なんかはしばらく並べたまんまだけど、急に切れたときに店にないとお客さんが困るから」と山本さん。

大葛で現在営業している小売店は山本商店を含めて計3店。生鮮品を扱っているのはここだけだ。山本さんの義母トクさん（享年99）が1955年に商売を始め、60年にわたり集落の台所として親しまれてきた。

だが、過疎化などで売り上げは減った。商品を届けてくれる問屋もほとんどなくなり、仕入れも大変になったという。仕入れは毎週月曜日。自分で車を運転し、朝5時には同市釈迦内の卸売市場へと向かう。

仕入れのついでにと、店にはない衣類などの買い物をお願いされることもしばしば。

「『じいさんに食べさせたいから』と菓子を頼まれたり、長靴を頼まれたり。『お嫁さんには頼みづらいから』と下着を買ってきてと頼まれることもあるのよ」

仕入れ後に市内中心部の量販店などでお使いを済ませ、軽ライトバンの荷台をいっぱいにして店に戻る。

山本さんは言う。「行き届いていないところもあるだろうけれども、みんなに当てにされているうちは頑張らないと」。還暦を迎えた山本商店。昔ながらの「お互いさま」の気持ちを大切に、歩みを続ける。

店頭の商品在庫を確認する山本さん

山本さん（左）との会話を楽しみながら買い物をする住民たち。
山本商店は集落の台所として長年親しまれてきた

集水枡の完成

「山本商店」がある森越集落は、大葛地区を流れる犀川の支流・栩沢《とちざわ》川に沿うように形成されている。家々が並ぶ道沿いには水路が張り巡らされ、川から取水した水が勢いよく流れる。集落内を歩くとせせらぎの音が耳に心地良い。

栩沢川を流れるのは、竜ケ森（1049メートル）を源泉とする伏流水。水道水として利用されている。「ここの水はカルキ臭なんて一切しない。自慢の水だよ」。森越の人は胸を張る。

そんなおいしい水は、1961年に敷設された簡易水道から各家庭に送られている。住民たちでつくる水道組合が料金を徴収し、維持管理を続けてきた。使い放題で各世帯年間1万円ほど。

普段はきれいな水だが、大雨が降ると伏流水に入り込み濁ることがある。送水管に杉の根が入り込み水量が落ち込むことも。

この問題を解決するため、11月8日、集落の役員ら12人が、1日がかりで伏流水の集水枡《ます》を新たに設けた。

大きな石が交じる地盤に穴を掘り、直径90センチの土管2本を設置する大掛かりなもの。素人では手に負えない作業に思えたが、そこにはパワーショベルの使い手、土木や設備工事のプロらの姿が。現場近くには土管をつり上げるためのクレーン付きトラックも登場した。

「集落にはいろんなキャリアを持った人がいる。自分たちでできることは、自分たちの手でやらないと」

こう話すのは、8月に集落の役員になったばかりの山本茂樹さん（61）。市内の建設会社に勤める技術者で、パイプの接合などにずぶぬれになりながら取り組んだ。

造園業が本業の山本繁さん（74）は所有するパワーショベルを黙々と動かし、穴掘りや整地作業に当たった。夕方からの慰労会では「よくやってくれた」「また頼むな」と次々にねぎらいの言葉を掛けられていた。

「上水道が整備された街部とは訳が違う。だからこそ、みんなで汗をかいて維持していかないと」。水道組合の組合長を任された佐藤節夫さん（61）はそう話す。

人が減り水道の料金収入は落ち込んだ。一方で、年間40万円近くかかる水質検査料などのコストは重くのしかかる。大きな設備改修ができる余裕はない。このまま維持していけるのか、不安がないと言えばうそになる。

次の日曜日（15日）は、小雨が降る中、雨がっぱ姿の住民たちはスコップを手に山道へと繰り出した。集落まで続く水路をおよそ2時間かけて清掃。8日に作業に当たったたったメンバーも率先して汗を流した。水路は冬場、流雪溝代わりになり住民の除排雪を助ける。

さまざまな場面で見られる、地域に根付いた共同作業。住民たちのつながりの深さを垣間見る瞬間だ。

集落を潤す伏流水。奥のタンクにためられ各家庭へと送られる

10th Anniversary

1日がかりで完成させた集水枡を
のぞき込む森越集落の住民

星空タイムズ

「こんにちは。新聞でーす」「今回も写真がいいな。マー君、いつもご苦労さんだな。元気にしてだったが」

11月21日の正午すぎ。集落の家々からまきストーブの白い煙が真っすぐに上がる中、大葛のマー君こと森越青年団団長の畠山雅範さん（32）が一軒一軒を訪ねていた。住民と会話を交わしながら、出来上がったばかりの「おおくぞ星空タイムズ」を配っていく。

今号のトップを飾ったのは「老人クラブの芸能発表会」。そろいの衣装を着たメンバーが、それぞれの決めポーズで笑顔を見せている。比内縦断駅伝の結果や、市長と語る会の模様、来月開催の新そばを楽しむイベントのお知らせも盛り込んだ。

星空タイムズは、大葛地区に暮らす若者たちがペンを執って、地域の話題や生活情報を発信している。２０１３年12月で任期を終えた地域おこし協力隊員が発行していた「大葛新報」を引き継ぎ、14年１月に創刊。奇数月に発行し、今回で12号目。

新聞はA４判の紙１枚（表裏両面）。地区の全232世帯に配布される。製作に携わるのは各集落の青年団長ら計９人。農業、建設、福祉、営業など幅広い職種の個性的な面々が集い、記事の執筆からレイアウト、印刷までを手掛ける。

編集長を務めるのは先月の「市長と語る会」で最年少参加者だった長内冬樹さん（42）。語る会では一人の住民として、そして記者として福原淳嗣市長とのやりとりを見守った。

長内さんが掲げる編集方針は「各世代まんべんなく伝える」。記事にするのは赤ちゃんの誕生から、児童生徒の活躍、南極観測隊に参加した会社員の話題、老人クラブの活動まで幅広い。

「大葛のことを細かく伝えていくことで、住民の一人一人が新聞を通して地域社会とつながりを持つことになればいい。みんなで喜びや楽しみを共有したい」。長内さんたちはこう考えている。

畠山さんから新聞を受け取った佐藤トミさん（64）は「毎回、誰が取り上げられているのか楽しみ。自分の写真も載ったことがあるのよ」と笑顔。畠山勝子さん（76）は「外に出ることが少なくなったので、星空タイムズがあって本当に助かる。マー君たちには頑張って続けてもらいたい」と期待を寄せる。

創刊から間もなく2年。〝記者たち〟は、地域で必要とされ、住民に愛される存在となっている。ここで暮らしているからこそ、等身大の記事だからこそ伝えられる何かがある。星空タイムズに目を通すと、そんなことを教えられる。

おおくぞ 第12号

星空タイムズ

キラリと光る　才能がねむってる

発行日：平成27年11月20日　発行：大葛地区青若会

みんないい顔してます

去る十月二十三日に行われた、第三十三回芸能発表会に出演された、大葛老人クラブの練習会場にお邪魔しました！

佐藤会長を中心に、約一ヶ月の練習や衣装の準備は大変だったと思いますが、皆さんが生き生き楽しんでやられてたのが凄く印象的でした！この素敵な笑顔をご覧下さい！

突然の取材にもかかわらず、快く取材に応じていただいて、皆さんの笑顔に癒されました！ありがとうございました！

今年も頑張りました！

十月二十五日に比内縦断駅伝が行われました。昨年に続いて七位と好成績をおさめました。来年は入賞目指して頑張って下さい。また、走ったあとのビールはたいそう美味しかった事でしょう。本当にお疲れさまでした。

大葛地区の全世帯に配布された「おおくぞ星空タイムズ」の第12号

第12号の発行に向け校正作業に取り組む「おおくぞ星空タイムズ」のメンバー。中央が長内編集長

結婚のススメ

「うちの息子でいいんだが。本当にいいんだが」

11月中旬、大谷《おおや》集落の長内チヨさん（68）宅。リビングでチヨさんは静かな口調で尋ねた。向かいに座る、長男大介さん（41）の交際相手、渡辺ゆかりさん（38）はコクリとうなずいた。大介さんは離婚を経験していた。それだけに、チヨさんは嫁に来てくれるのか、確かめたかった。

出会ったのは2014年秋。ゆかりさんが当時勤めていた地区内にある市営温泉施設だった。

「おう、久しぶり」と大介さんが声を掛けると、ゆかりさんから思わぬ言葉が。「誰かいい人いない？」。二人の家の距離はわずか2キロ。共に大葛小学校の卒業生で、子どものころはかくれんぼなどをして一緒に遊んだこともある。

そんな二人は、連絡を取り合ううち互いを意識するようになり、距離を縮めていった。同じ大葛の人という共通点もあり、大介さんは一緒にいると、素の自分でいられる心地良さを感じた。

「俺はバツイチの身。相手は初婚だし…。本当に自分でいいのか」。大介さんはゆかりさんにとっての「いい人」として、なかなか手を挙げられずにいた。

その年の12月、大介さんが切り出した。「好きなんだけど」

翌日から、交際が始まった。「恥ずかしいから」とあまり地区内では互いに接触しないようにしていたが、結婚を意識し始めた今年5月、集落の祭りの場で報告した。

「大介、よくやった」「おめでとう」「これで大谷の住民が増えるな」。みんなが祝福してくれた。

今の二人の職場は大館市中心部。大葛地区で最も奥地の大谷からは車で40分以上もかかる。それでも街部に居を構えるつもりはない。

「5年、10年先の集落を考えると俺らの世代が残らないと。確かに不便だけど、それが当たり前だから」

深刻な人口減。その一因として挙げられるのが、結婚していない人の増加だという。地区の7集落でつくる大葛の将来を考える会は11年、居住する住民を増やそうと新婚カップルの仲介役を務めた人に20万円の報奨金を贈る婚活支援事業「嫁婿っこ助っ人助成制度」を創設した。間もなく5年になるが、まだお金を受け取った人はいない。

大介さんは言う。「『結婚って悪くないな』と自分たちより若い世代に思ってもらえるような夫婦になりたい」。そばにいたゆかりさんは、少し照れた表情を浮かべていた。

長内大介さんと渡辺ゆかりさん

帰郷し再出発

「ピヨピヨピヨ…」。今冬初の雪景色が広がった12月4日午前、ヒーターで暖められた鶏舎の中を比内地鶏のひよこが鳴き声を響かせながら、自由気ままに歩き回っていた。

大葛地区は市内生産量（約27万羽）の約2割を占める比内地鶏の産地。森吉山系から流れる犀川のほとりに阿部重信さん（58）が経営する「放し飼い比内地鶏ふるさと牧場」がある。渡り鳥がやって来る冬場は、鳥インフルエンザ対策のため屋内で飼育している。

三男の重信さんが父繁美さん（89）の後を継いだのは1986年。10年半勤めた都市銀行を辞め、妻増子さん（57）と一緒に、東京から大葛に帰ってきた。「それこそ朝から晩まで仕事の〝モーレッサラリーマン〟だった。向こうではなかなか子どもができなかったこともあって、自分の古里で自然のリズムに合った暮らしをしたいと思った」。Uターンを決断した理由だ。1男2女に恵まれた。

3千羽の飼育からスタートし、今では年間1万2千羽を出荷している。休耕田を活用した養鶏場も拡張し、現在は1・2ヘクタール。冬以外は、鶏舎と隣接する広場を自由に行き来できるよう放し飼いにしている。

「ミミズやバッタ、野草と自然の餌も豊富。大葛の恵まれた環境で育つんだから、おいしいはずだよ」。鶏の表情を見ただけで、体調が分かるという重信さんは優しそうに鶏たちを見詰める。

比内地鶏のうち、雌の飼育期間は「150日以上」と県の認証制度で定められている。だが重信さんが出荷するのは170日間ほど飼育してから。「コストはかさむが、肉のおいしさを引き出すためには譲れない」。こうして今の地位を築いてきた。

重信さんは、比内地鶏を名古屋コーチンと並ぶ知名度を誇るまでに育て上げた生産者側の立役者の一人。つてを頼って都内のそば屋で1日に2羽、3羽と使ってもらったり、デパートに通って仕入れてもらえるよう交渉したりと、全国に販路を少しずつ広げていった。「味には自信があったので、知名度を上げなければと必死だった。今でも昔からのお客さんは切れていない」

重信さんがこれから目指すのは、比内地鶏をベースにした循環型の農業。鶏ふんを肥料にするアスパラガスやソバ栽培など新たな挑戦に向け準備を進めている。

重信さんに続こうと、Uターンして養鶏に取り組む地域の後輩も出てきた。いつか戻ってきたいと思った時、戻れる古里を残したい―。そういう人たちの支えになりたい―。一度地元を離れたからこそ、その思いは強い。

比内地鶏のひなの世話をする阿部さん

高3女子（上）

来春（２０１６年３月）卒業予定で就職を希望しているハローワーク大館管内の高校生の就職内定率（10月末時点）は、過去5年で最高の86・1％。大葛地区に住む3年生３人も就職が決まった。保育園から大館桂高まで一緒の佐藤紗貴さん（18）、佐藤彩香さん（17）は東京へ。まさかの就職先まで同じ。大館高に通う山口華佳《はるか》さん（18）は、地元に就職する。

まずは東京へ向かう２人の話から。

11月28日の能代商工会館。食品スーパー「オオゼキ」（東京）の入社事前説明会があった。同期となる11人の仲間と共に、紗貴さんと彩香さんは緊張した面持ちで担当者の話に耳を傾けていた。

紗貴さんの母裕子さん（41）、彩香さんの父満さん（57）は仕事の内容や給料などが記された資料にじっくりと目を通す。「入社1年目は気持ちの波が大きい。きついと言ってきた時に後押ししてほしい」。会社の担当者の呼び掛けに何度もうなずいた。

紗貴さんは中学、高校と陸上部。「毎日毎日、部活に追われてきた。楽しかったのも、つらかったのも陸上。将来について真剣に考えたのは夏休みに入る前ぐらいから」

4人きょうだいの一番上。専門学校への進学も視野にあったが、「両親に負担を掛けたくないというのもあって、就職に気持ちが傾いた」

学校に届く求人票に毎日目を通すようになったある日、陸上部の一つ上の先輩が就職した会社が目に留まった。

「高校に入ってすぐにけがをしてしまった自分をずっと励ましてくれた。心強かった。その先輩が元気に楽しそうに頑張っているという話を聞いて、『私も』という気持ちになった」

大葛地区の5歳階級別人口（15年4月1日現在）は15〜19歳が24人、20〜24歳が17人。進学や就職で地元を離れる人は少なくなく、紗貴さんらの一つ上、四つ上の女性は一人もいない状況だ。

「一度は外に出してもいいと思っていた」。紗貴さんを送り出すことになった裕子さんはこう話す。

大館桂高では2年に進級する時、就職、進学のクラス選択がある。

進学クラスだった紗貴さんに対し、彩香さんは就職クラスを選んだ。志望していた販売の仕事は県内には少なく、気持ちは東京に向いた。クラスが違う2人はそれぞれ内定を得てから同じ会社に進むことを知った。

「本当に偶然。紗貴ちゃんと一緒で少しほっとした」という彩香さんは3人きょうだいの真ん中。新潟県の専門学校に進んだ姉千尋さん（20）も来春、東京で働く。

満さんは「県内には選べる職種が少なく、仕方ないのかも。それでも彩香にはそばにいてほしかった」と本音も。

東京と大葛。旅立つ子と、送り出す親。それぞれの思い、希望と不安が交錯する。

2012年に閉校になった大葛小の前に立つ（左から）佐藤紗貴さん、佐藤彩香さん、山口華佳さん。３人は６年間この学びやに通った

就職を決めた高校３年生の３人。
佐藤彩香さん（右）と佐藤紗貴さん（中央）は
東京の同じ会社へ＝旧大葛小体育館

高3女子（下）

「人と人の強いつながり、豊かな自然、美しい星空、こんなにすばらしいものがそろった地域が他にあるのでしょうか。私の願いは、お年寄りも若い人もみんなで助け合って笑顔で過ごしていける大葛になってほしいのです」

２００９年11月、大館市中央公民館で開かれたシンポジウムで、当時大葛小6年だった山口華佳さんは、地域の代表として「私のふるさと、大葛」と題した作文を披露した。集まった約１００人から大きな拍手を浴びた。その少女は大館高に進み18歳に。来年（16年）4月から地元で働く。

今年の地区盆踊り大会では、小学校の同級生で大館桂高に通う佐藤紗貴さん（18）、佐藤彩香さん（17）と久しぶりに顔を合わせ、自然と進路の話になった。「東京で働きたい」。２人が口にした。

一方の華佳さん。２人が大葛を出て行くと、同じ年の女性は1人だけになる。さみしさを感じた。

華佳さんは3人きょうだいの真ん中。両親からは「進路は任せる」と言われていた。兄祥生《しょうい》さん（21）は1浪して国立大学に進学。華佳さんが高1の時だった。夜を徹してまで勉強に励む姿を目にした。「兄のようには頑張れないな。勉強は得意ではないし。進学は無理かな」

絵を描くのが好きで、時間を見つけてはスケッチブックに向かう。将来はイラストを学んでみたいと考えたこともあった。

やっぱり地元がいい。古里を離れたくない――。そんな思いが積み重なって、人生の進路はゆっくりと定まっていった。

就職に有利になればと、高2の時に簿記や情報処理の資格を取得した。地元で納得できる会社に行きたいという思いからだった。

ハローワーク大館によると、来春（16年3月）卒業予定で県内就職を希望する管内の高校生は183人。これに対し、企業からの求人数は478人。進出企業が採用拡大に動いたこともあり、前年比の伸び率は26・1％増と県内で最も高い。

今年6月から始まった校内の会社説明会では、興味を持った企業に顔を出すようにした。そして出合ったのが、市内で約１５００人が働く医療機器大手の大館工場。今春の35人から60人に採用数を増やしていた。

「仕事の話を聞いて心が引かれた。就職競争は厳しいだろうけど、自分にもチャンスがあるかもと思った」。面接などの練習を重ねて、一点突破で内定を得た。

作文に「助け合って笑顔で過ごしていける大葛になってほしい」と自らの思いを素直につづった小6の華佳さんは最後にこう締めくくった。「どうすればこの願いを叶えることができるのか、長い時間をかけてじっくり考えていきたいと思います」。その思いは今も変わらない。

地元で就職する山口華佳さん（右）。
会話を弾ませながら、シャープペンシルを
走らせて佐藤彩香さんの似顔絵を描いた

元協力隊員

兵庫県加古川市で暮らしていた林孝行さん（34）が、雪国と温泉に心引かれて、森越集落に移り住んで6度目の冬を迎えた。

「集落の人たちとつながり、ゆったりと流れる毎日が平和で充実。今年は雪が少なくてほっとするような、さみしいような」

福岡県出身の林さんは大阪学院大を卒業後、信金マンなどを経て２０１０年12月、「地域おこし協力隊」として赴任した。３年間の任期終了後も大葛に残って市臨時職員として働く傍ら、イベント企画や特産品づくりなどに汗を流す。

「素直で行動力があって、本当に頼もしいよ。地域によく溶け込んでいるし、われわれも刺激を受けている」と近所に住む福田勝雄さん（75）。

都市の若者らが地方で地域の活性化を後押しする協力隊員。制度は09年度に始まった。総務省によると、15年3月末までに任期を終えた隊員の59％（５５７人）が活動場所と同じか近隣自治体に住んでいる。本県では24人（男性21人、女性3人）の隊員が任務を終えた。だが、現在も定住しているのは5人（全て男性）でわずか21％。全国平均に遠く及ばない。

林さんは最初、思い描いていた活動と現実のギャップに悩み、友人も知人もいない土地で寂しさも感じる日々を送ったという。

「会う人から『何をしてくれるの』と問われるのがつらかった。同じ悩みを抱える県内の隊員も少なくなかった」

一方、他県の隊員たち。農林業研修や空き家の活用、特産品開発など、明確なミッションの下で活動するケースが目立った。

「まずは定住を」。望まれた立場に疑問を抱いていた。

そんな林さんが、活動の分岐点になったという取り組みが大葛を挙げて自主的に消灯する「計画節電」。東日本大震災後の11年5月、全7集落の自治会長が集まった会合で、参加した林さんが夏場の電力不足対策に少しでも役立てばと思い提案した。「一人の力は小さくても、みんなで結集すれば大きな力になる」。訴えに全員が賛同した。計画節電は今夏も行われ、地域に定着した。

「大葛は外から来た人を温かく迎え入れてくれ、育ててくれる。それは温泉地という気質かも」と話す。

任期を終えても残った理由は二つ。休耕田を減らそうと、自ら始めたソバ栽培を軌道に乗せること。そして地域に根差した生き方に触れる度に大葛への愛着が湧いてきたから――。

任期中、取り組んだのが地場産の農作物を使った特産品づくり。その中で以前はソバ栽培が盛んだったことを知り、集落のお年寄りに教わりながら、11年に約3アールで栽培。その後、仲間を増やそうと声を掛けた大葛の青年団でつくる「青若会」がソバ栽培に本格的に取り組んだ。林さんも青若会メンバーに加わった。

今年（15年）、ソバの作付面積は1ヘクタールから1・6ヘクタールに拡大。乾麺「比内大葛プレミアム」（200グラム、400円）を昨年比で2倍の2千袋作った。

「年越しそばにどうですか」。12月中旬、乾麺を手に森越集落を回った。おばあちゃんたちは「林君に頼まれたら協力しねばな」と笑顔を見せた。

林さんについて、集落の人からはこんな期待をよく耳にする。「この土地で家族を持ってほしい」

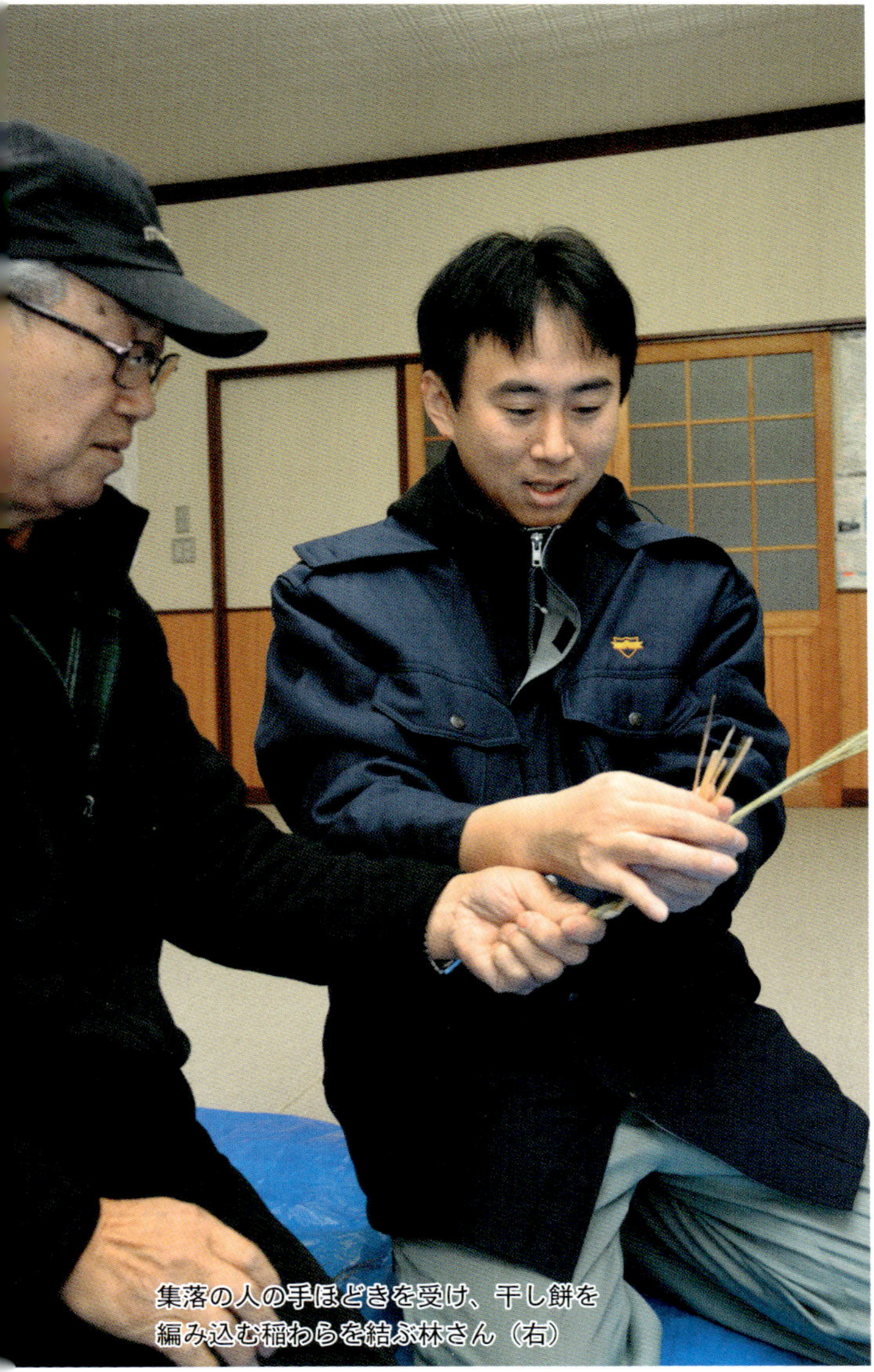

集落の人の手ほどきを受け、干し餅を編み込む稲わらを結ぶ林さん（右）

年の瀬

多彩な具材を用意し、酢飯に載せてのりや卵でぐるりと巻く。運動会や祝いの席などでよく登場する巻きずし。棒状のものをスパッと切ると現れる鮮やかな断面。見た目に楽しく、食べてもおいしく、巻きずしと聞くと、何となく心躍る。

年の瀬も迫った12月23日。大葛集落の嶋田恵子さん（59）宅で、アンパンマンの飾り巻きずし教室が行われていた。

先生役を務めたのは山口ハマ子さん（79）。生徒の恵子さんと布谷チネ子さん（69）に「いい男にしてあげねばな」と語り掛ける。和気あいあいとした雰囲気が台所を包んでいた。

恵子さんのところには、長女の彩子さん（34）一家が30日に帰ってくる。「4歳と2歳になる孫娘をアンパンマンの巻きずしで喜ばせたい」。集落随一の〝料理名人〟として知られるハマ子さんに、恵子さんは「もう一度教えを請いたい」と願い出た。

恵子さんには、大切にしている思い出がある。今から22年前の4月。運動会シーズンを前に、小さな子どもを持つ母親たちが集落の会館に集まり、この日と同じようにハマ子さんからアンパンマン巻きずしを習った。「小学校の運動会に持ってきた重箱にアンパンマンの多いこと多いこと。子どもたちは大喜び。みんなが笑顔だった」

さて巻きずし教室。炊飯や合わせ酢作りからスタートした作業はいよいよアンパンマンの顔へ。目はすし飯にごまを混ぜ、赤い鼻とほっぺはハマ子さん特製のツルムラサキの実の氷砂糖漬けをすし飯に加えて表現する。口は紅しょうが。

すし飯の量や具材の置き方などを間違えてしまうと「いい男」にならない。

2時間ほどかけてすしを巻き終えた。ハマ子さんがすしに包丁を入れると、断面にアンパンマンの顔が現れる。3人は「おお、いい男になった」と口をそろえ、笑顔を浮かべた。

ハマ子さんの料理は昔からアイデアいっぱい。米こうじが入ったピーマンみそ。キュウリのつくだ煮。そして、わくわく感あふれる飾り巻きずし…。

「お裾分けして、みんなが喜んでくれると〝よしっ〟と思うし、すごく張り合いが出る。次は何を作ろうかねという気持ちになる」。住民に請われ、作り方を教えることもしばしば。

そんな交流から、大葛の人たちの心と心の結び付きが見えてくる。

もうすぐ新しい年がやってくる。

ハマ子さんは昨年（14年）2月、夫一二さん（享年84）を亡くした。一人で迎える年末年始は2度目。黒豆になます、肉の煮付け、きんとん、そしてお頭付きのキンキンを用意するという。そして、ごちそうを並べたテーブルの上には一二さんの写真。

「来年はあの人の三回忌を盛大にやってあげるの。あとは病気をしないよう、皆さんに迷惑を掛けないよう、楽しく過ごせたら」。ハマ子さんの２０１６年の願いだ。

飾り巻きずしの作り方を教える山口ハマ子さん（左）。
和気あいあいとした雰囲気が台所を包んだ

出来上がったアンパンマン巻きずしを手にする
（左から）嶋田さん、山口さん、布谷さん

住民座談会

連載「星のふる里　大葛日記」では、鹿角市との境の山あいにある大館市大葛地区で暮らす人々に触れ合いながら、地方で生きる意義を探った。住民5人に集まってもらい、自分たちが取り組む活動や大葛の課題について語り合ってもらった。

—初めに皆さんの活動について紹介してほしい。

嶋田　7集落の役員らでつくる大葛の将来を考える会は、100円温泉「大葛温泉町民浴場」の運営のほか、各集落の要望や意見をまとめて行政に届ける役割がある。旧大葛小学校のグラウンドを活用した町民運動会、おやじまつりといったイベントにも取り組んでいる。

阿部　大葛は地区外から嫁いできた人が多い。嫁さん同士でつながろうというのが婦人会の目的。20年ぐらい前までは公民館で結婚式を挙げることが珍しくなく、会が貸衣装事業も行っていた。今は独自事業は少なくなったが、食事の支度など地域行事でのサポートをしている。

畠山　大葛を若い人で盛り上げていこうと２００９年に立ち上げたのが青若会。今はソバの特産化に力を入れている。地域おこし協力隊員の発案で始めたもので、市の助成事業を活用して機械化も図った。今年は耕作面積を広げたが、仕事をしながらの作業はきつかった。まずは続けていくことが大事。来年はやれる範囲で取り組むつもりだ。「年越しは大葛のソバで」と思ってもらえるよう地元に根付かせたい。

—大葛で暮らし、活動をする中で「宝物」と誇れるものは何か。

畠山　一番は年間約６万人が訪れる温泉。末永く大切にしていきたい。天体観測に適した場所であることも大きな魅力。地域で大葛小の天文台を活用できるよう知恵を絞りたい。天文台と温泉を結び付け、体験学習の拠点にできれば。

阿部　美しい星空を含め自然環境が素晴らしい。山菜やキノコは大事な山の恵み。「つくり過ぎたよ」と言ってはタ飯のおかずをやりとりする。そんな人のつながりが暮らしに浸透している。

山本貢さん（71）
大葛の将来を考える会副会長。
元市総務部長。

阿部昭子さん（72）
大葛地域婦人会会長。
元大葛保育所所長。

嶋田恭明さん（64）
大葛の将来を考える会会長。
元大葛郵便局長。

佐藤　地域の団結力だろう。小学校の美化活動で草刈り機を手に多くの人が協力するのがいい例ではないか。

山本　この地域を何とかしたいという気持ちをみんなが持っている。加えて、人をけなしたり、排除しようとすることがないのが誇れるところだ。

―大葛に人を呼び込むにはどうしたらよいか。

佐藤　人が人を呼ぶ。もちろん情報発信は不可欠だが、どんな人に来てもらいたいか、ターゲットを絞って呼び込むことが大事だと思う。

嶋田　潜在的に移住したいと考えている人は多いと思う。まずは出身者のUターンなど、大葛にゆかりのある人から呼び掛けていきたい。

畠山　われわれ自身が楽しそうにやっていることが大切。その雰囲気に自然と人が集まってくると思う。そのためにも他地域の団体との交流を増やしたいと考えている。

―大葛の今後や課題についてどう考えているのか。

畠山　人口減少に歯止めをかけるためにも「若い人に結婚してほしい」という声はよく聞く。青若会のメンバー34人のうち、結婚していない人は半数以上。本人の問題と言えばそれ

畠山鉄男さん（53）
大葛青若会会長。
団体職員。

佐藤正彦さん（58）
大葛の将来を考える会事務局長。
会社員。

までだが、何とかしたいという思いは強い。みんな「結婚したい」と望んでいるし、婚活を始めた人もいる。行政とは違ったサポートを地域で進められれば。

阿部　隣の東館地区から嫁いで来た。初めは「奥地で不便だし、雪が多くて大変だから」と親から結婚を反対された。でも、来てみたら地域の連帯はあるし、全く困ることはなかった。若い人が結婚し、子どもの声が聞こえる地域であってほしいと思う。

佐藤　市消防団の比内第6分団長を務めているが、消防団員の確保が課題。現役世代の多くは街部で会社勤めだが、最近は企業の協力も得られるようになってきた。地域のことは自分たちで守るという気持ちで団員に加わってもらいたい。

嶋田　距離的ハンディを少しでも解消したい。住民アンケートでも街部へのアクセス改善を求める声が多かった。増加が見込まれる空き家の対策も行政と連携しながら進める必要がある。

山本　確かに人口は減っている。行事や草刈りなどは協力しないと成り立たない。そこで生まれたつながりこそが大葛の強みだし、もっと自信を持っていい。ここで生きる人たちが地域の魅力に気付き、自信を持つことが最も大切だ。

アンケート結果

秋田魁新報社は、大葛地区の青年団員でつくる「青若会」（畠山鉄男会長）の協力の下、地元住民を対象にアンケートを実施した。回答した住民の大半が「住み続けたい」とした一方、若年層の流出や高齢化が進む中、今後については「集落自体がなくなってしまうのでは」といった悲観的な見方をしている人も少なくないことがうかがえた。

アンケートは2015年末に実施。大葛地区の全222世帯に調査票を配布し、126世帯から回答を得た。回収率は57％だった。

家族構成については、「高齢者を1人以上含む」の多世代同居が42・1％に上り、「高齢者のみの一人暮らし」と「高齢者のみ2人以上」の世帯が合わせて38・9％、「高齢者なし」は17・5％だった。世帯の収入源は「会社の給料など」（46％）、「年金」（43・7％）と続いた。

離れて暮らす子どもがいるかは「いる」が61・9％、「いない」が35・7％。「いる」の回答のうち、「1人」が39・7％と最も多く、「2人」(20・5％)、「4人」(14・1％)となった。居住地は「旧大館市」が23・1％、「地区外の旧比内町」が11・5％となり、約4割が近接地に居住。「米や野菜を取りに来る」「孫の世話に出掛けていく」など頻繁に行き来していた。

買い物先は「旧大館市」が最も多く63・5％に。移動手段は「自分で車を運転」が73％、「家族の車」と「バス」はそれぞれ11・9％だった。

困っていることや不安に感じていることについては、「草刈り・除雪」(30・2％)、「介護の不安」(17・5％)、「移動が不便」(15・1％)と続いた。また「サルの食害」や「車の運転ができなくなる時が来るのが不安」などの回答もあった。

保有する農地をどうするかの問いに対し、「自分でできるまで耕作」が29・4％、「人に貸す」が23％となった。「後継ぎが耕作」はわずか0・8％にとどまった。「農地を持っていない」は18・3％。

10年後の集落の人口について、95・2％が「減っている」と予想。将来の姿については73

%が「不安」と答えた。「感じない」の回答は6・3%だった。

その理由（複数回答）は、多い順に「田畑の荒廃」（50%）、「集落がなくなる」（48・9%）、「簡易水道の維持管理ができなくなる」（38%）だった。

一方、「集落に住み続けたい」は全体の64・3%。集落の存続に何が必要かの問い（複数回答）には、「集落ごとの連携強化」が50%で最多、「移住者の受け入れ」（38・1%）、「空き家の活用」（35・7%）と続いた。

■世帯構成の状況

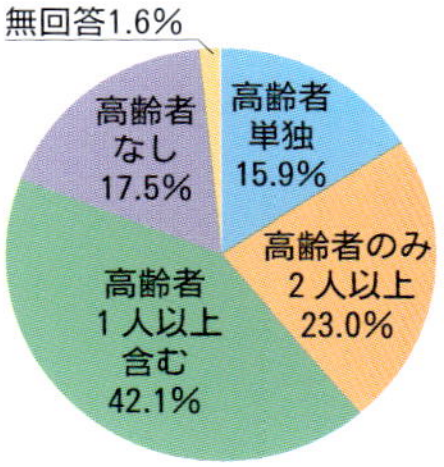

■収入源

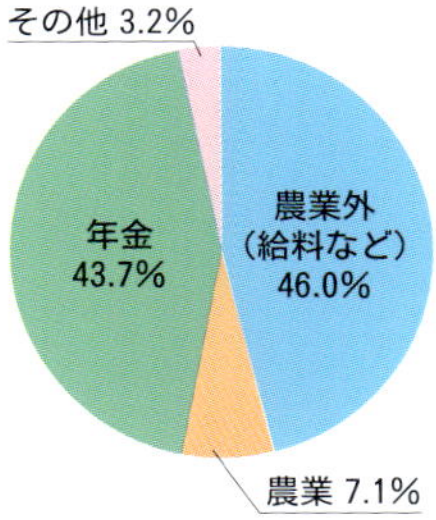

■住み続けたいか？

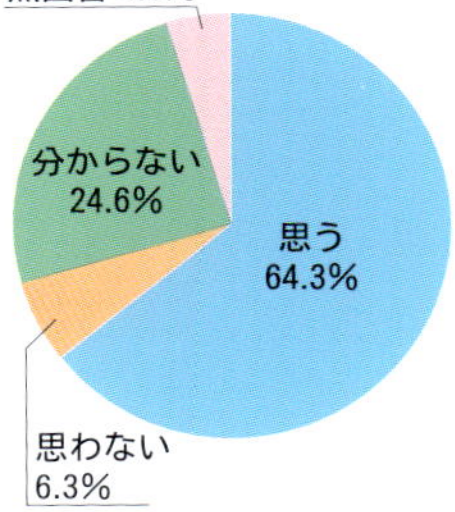

○「いる」と回答した場合、何人いるか

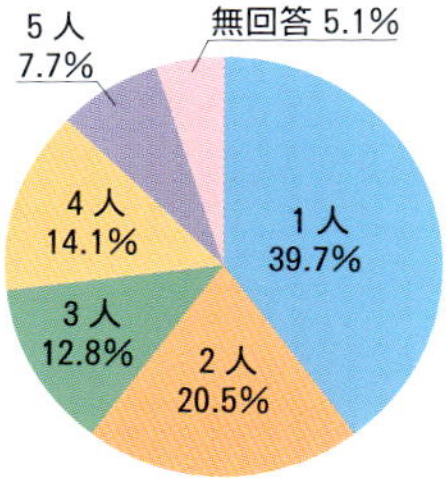

■同居していない家族の有無

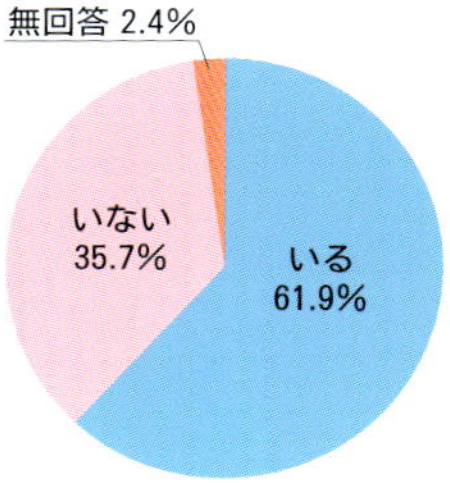

○その家族との関係は（複数回答）

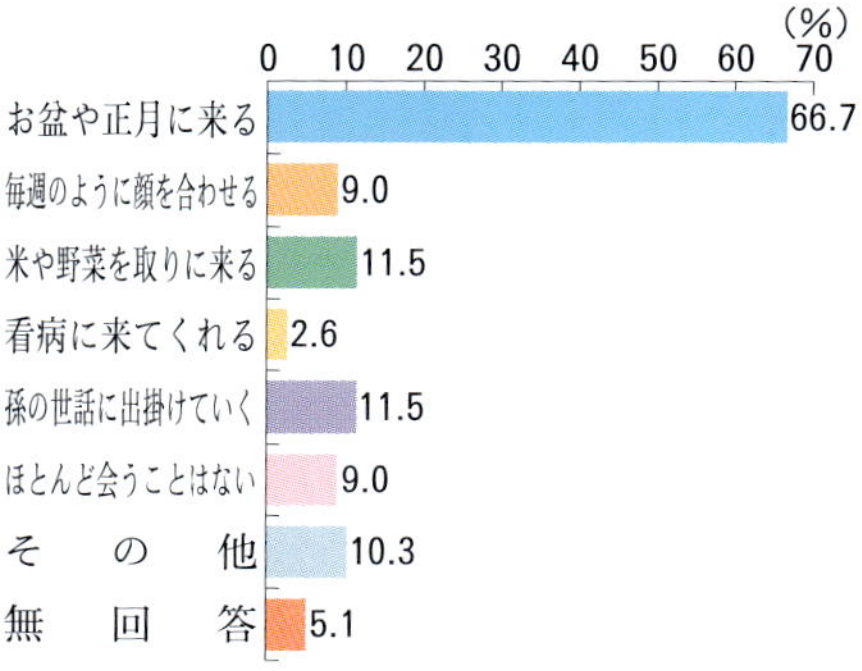

○「いる」と回答した場合、どこに住んでいますか（複数回答）

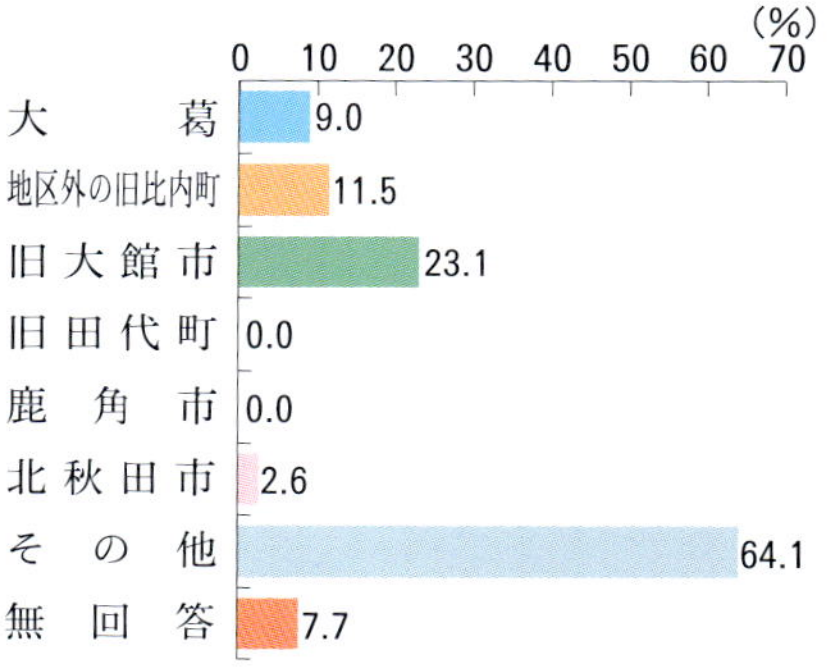

■将来、農地をどうするか

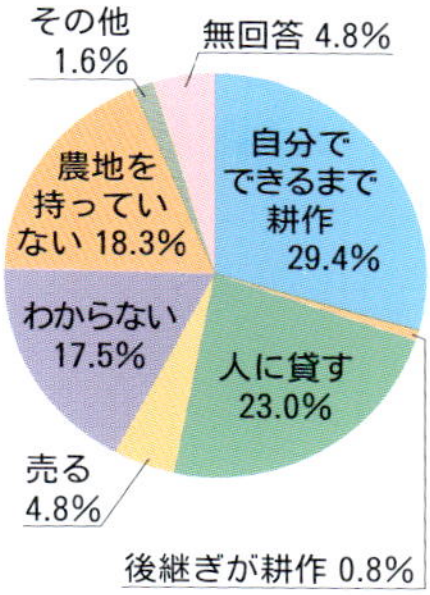

■買い物はどこへ行きますか

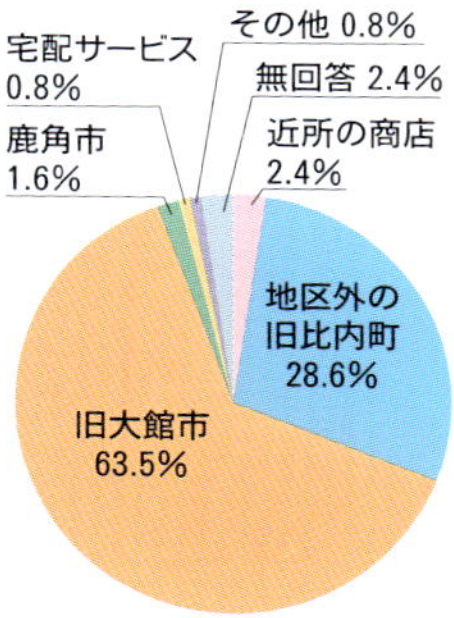

■10年後の人口は

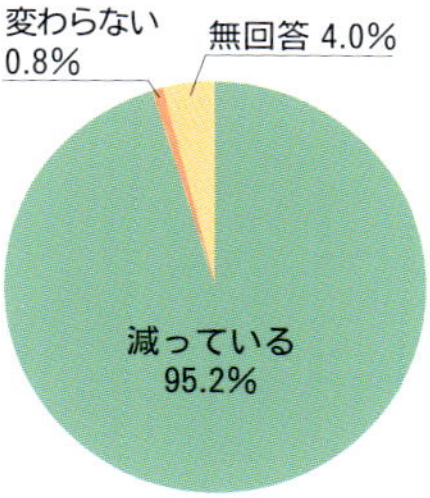

■移動手段

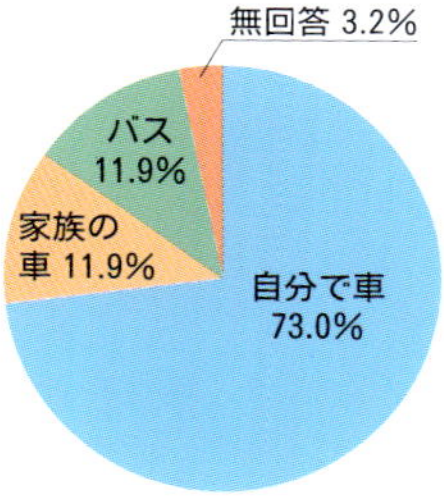

■困っていること

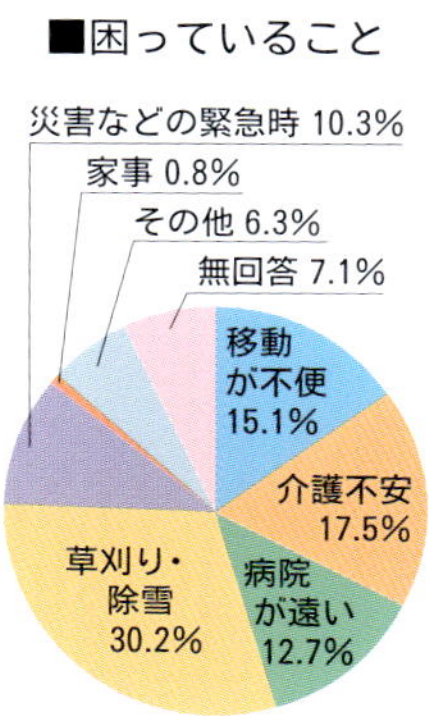

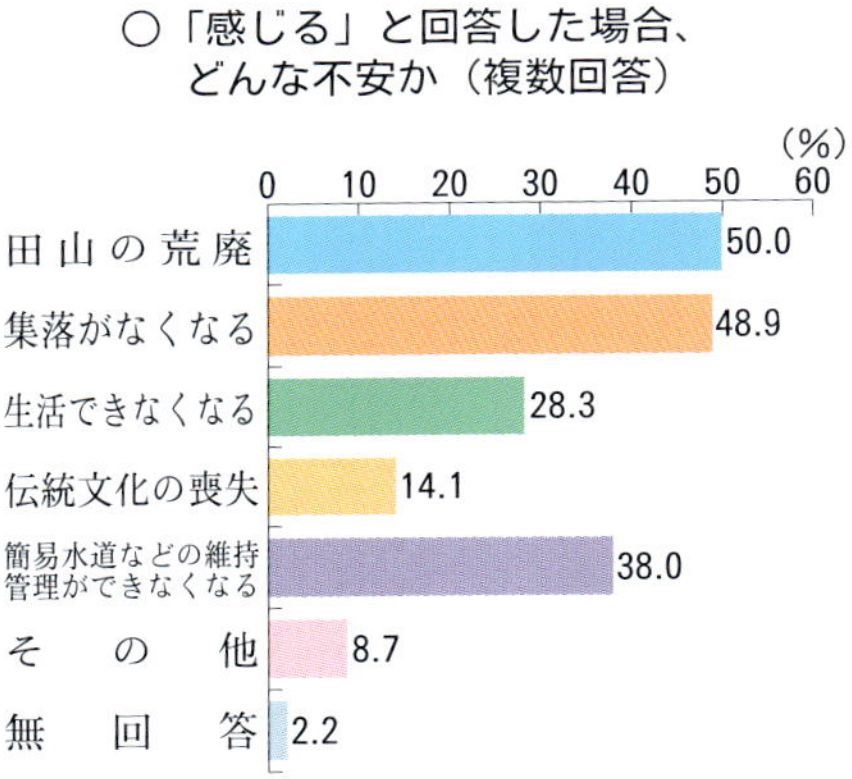
○「感じる」と回答した場合、どんな不安か（複数回答）
（%）
0
10
20
30
40
50
60
田山の荒廃
50.0
集落がなくなる
48.9
生活できなくなる
28.3
伝統文化の喪失
14.1
簡易水道などの維持管理ができなくなる
38.0
その他
8.7
無回答
2.2

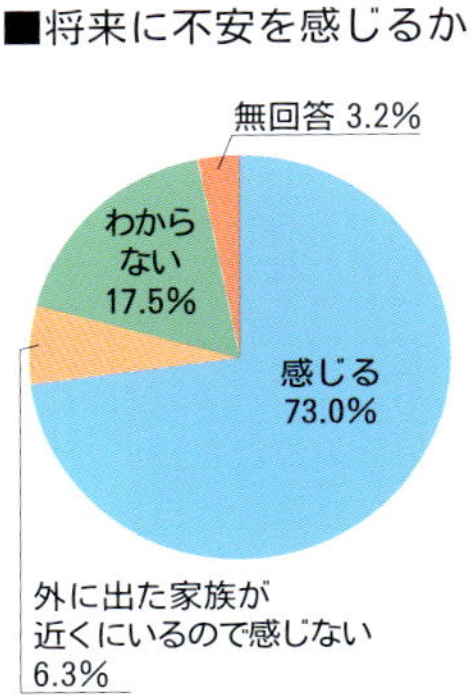
■将来に不安を感じるか
無回答 3.2%
わからない 17.5%
感じる 73.0%
外に出た家族が近くにいるので感じない 6.3%

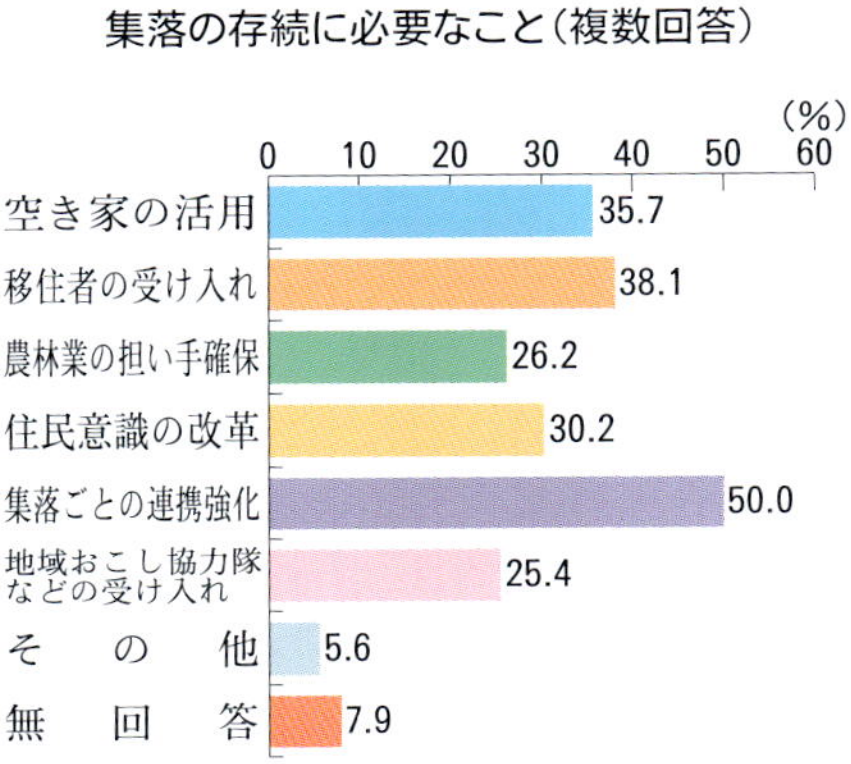
集落の存続に必要なこと（複数回答）
（%）
0
10
20
30
40
50
60
空き家の活用
35.7
移住者の受け入れ
38.1
農林業の担い手確保
26.2
住民意識の改革
30.2
集落ごとの連携強化
50.0
地域おこし協力隊などの受け入れ
25.4
その他
5.6
無回答
7.9

あとがき

遅い春の訪れと共に、思いもよらぬ知らせが耳に入ってきた。地域おこし協力隊員として大葛で活動し、任期終了後も住み続けていた林孝行さんが、故郷の福岡県に戻ることになった。

林さんが大葛にやって来たのは2010年12月。翌1月に行われた新年会で、多くの住民から激励を受ける様子を当時の大館支局長が伝えていた。

『地元住民の熱い視線がきっと痛かったに違いない。（中略）1人の人間が砂粒のような重みしかない大都市圏と違い、ここは人間1人の持つ重みが違う』

そして、最後はこう結んだ。

『特に「何か一つでも残したい」と宣言した独身の林さんに対する住民の熱い視線は並大抵ではない』

あれから5年4カ月あまり。4月中旬に行われた送別会には、新しい道を歩み出す林さんにエールを送ろうと、新年会の時と同じようにたくさんの住民が集まった。「ありがとう」「頑張れよ」「また来てな」。これまで交流を深めてきた住民から林さんに掛けられた言葉、注がれた視線。この日はすごく温かかったに違いない。

「さみしくなりますね」と近所に住む女性に尋ねてみた。

「んだね。よくやってくれたよ。でも〝福山ロス〟じゃないけど〝林君ロス〟にはならないよ。これからも自分たちでできることをやるだけ」

出生率は21年連続で全国ワースト。国勢調査の人口減少率は4回連続で全国最大…。こんな統計データが示される度に、将来への不安をかき立てられる。

急速な人口減少が進む本県で、私たちは高齢化社会にどう向き合っていくのか。地域として、安心して暮らせる環境をどう構築していくのか。これは県内の全ての集落、地域に共通する課題。55歳以上が人口の過半数となり、「準限界集落」に位置付けられる大葛で、ありのままの山里の暮らしを追ってみようと始めたのがこの連載だった。

取材で接した大葛の人々は、小学校がなくなった喪失感や、町部までの距離のハンディなど少しの不便を抱えながらも、住民ができることを実践。普段の生活から、住民たちのつながりの深さを垣間見るにつけ、「ともに生きる」意識を共有しているように思えた。連載を終え、大葛の人から紡ぎ出された古里を思う言葉が、心に残っている。

大谷集落で暮らす男性は、18歳で大葛を離れて、8年前に仙台市から戻ってきた。「ここには年の近い仲間もいる。集落でつないできた七夕や盆踊りなどの大事な行事は、自分たちが先頭に立って守っていく」

稲作農家の男性は増えていく耕作放棄地を見て話した。「いずれ準限界集落から限界集落になるだろう。でも、諦めたくない」

比内地鶏を育てる男性は、首都圏からUターンして養鶏に取り組む後輩をサポートしてきた。「戻ってきたいと思ったとき、戻れる古里を残したい。その先頭に自分が立ちたい」

幸せを実感できる尺度は、利便性や物資の豊かさだけではなくなった。子育て世代・団塊世代の「第二の故郷探し」が広がりつつあるように、幸せの物差しは多様化している。それは、地域の人と人、人と自然のつながりであったり、固有の伝統文化であったり。そのヒントのようなものを大葛から学んだような気がする。

この本は15年6月から12月までの間に、秋田魁新報で毎週火曜日に連載された「星のふる里　大葛日記」を加筆・修正してまとめたものです。

連載を始めるに当たっては、15年4月まで大館に勤務した吉田新一・大館支社編集部長に背中を押してもらい、企画の方向性などについて意見や指導を頂きました。デスク作業は同年4月から16年3月までの間、大館に勤務した加藤啓二・大館支社編集部長が担当し、原稿全般を指導して頂きました。私の拙い原稿を〝最初の読者〟である加藤部長が分かりやすく、読みやすく整えてくれました。また、連載の取材のため支社を離れる際には、16年3月まで大館に勤務した佐藤拓・大館支社編集部次長にサポートして頂きました。書籍化については、伊藤毅・大館支社長、泉孝樹・出版部次長に尽力して頂きました。

最後に、うれしいことは、大葛の人に名前で呼んでもらえるようになったこと。取材を始めた頃は「記者さん」と呼ばれることが大半。それが「さきがけさん」になり、やがて「長田さん」に。人と人との付き合いの中で、本音で向き合ってくれたと感じています。書ききれなかった人も多かったのですが、出会えた皆さんに感謝します。

これからも「星のふる里」を見守らせてください。

２０１６年６月

長田雅巳

した
別会

地域おこし協力隊員として大葛で活動し、任期終了後も住み続けていた林さんが５月下旬、故郷福岡県に戻った。その前に開かれた送別会には、たくさんの住民が集まり、林さんにエールを送った

略　歴

長田　雅巳（おさだ・まさみ）

1977年、由利本荘市生まれ。同志社大学大学院総合政策科学研究科修了。2011年に首都圏からＡターンし、秋田魁新報社入社。報道部経済担当を経て、大館支社編集部。

星のふる里　大葛日記

著　　者	長田雅巳
発 行 日	2016年6月23日
発　　行	秋田魁新報社 〒010-8601 秋田市山王臨海町1-1 TEL.018(888)1859（出版部） FAX.018(863)5353
定　　価	本体1,200円＋税
印刷・製本	秋田活版印刷株式会社

乱丁、落丁はお取り替えいたします。

ISBN978-4-87020-381-5　C0095 ¥1200E